MERIAN *momente*

KAPSTADT
WINELANDS GARDEN ROUTE

SANDRA VARTAN

Zeichenerklärung

 barrierefreie Unterkünfte
 familienfreundlich
🕐 Der ideale Zeitpunkt
 Neu entdeckt
 Faltkarte
 Ziele in der Umgebung

Preisklassen

Preise für ein Doppelzimmer mit Frühstück:

€€€€ ab 300 €   €€€ ab 200 €
  €€ ab 100 €   €   bis 100 €

Preise für ein dreigängiges Menü:

€€€€ ab 50 €   €€€ ab 25 €
  €€ ab 15 €   €   bis 15 €

KAPSTADT, WINELANDS, GARDEN ROUTE ENTDECKEN 4

Mein Kapstadt 6
MERIAN TopTen 10
MERIAN Momente 12
Neu entdeckt 16

KAPSTADT, WINELANDS, GARDEN ROUTE ERLEBEN 20

Übernachten 22
Essen und Trinken 26
Grüner reisen 30
Im Fokus – Urban Farming 34
Einkaufen 38
Sport und Strände 42
Feste feiern 50
Mit allen Sinnen 54

KAPSTADT, WINELANDS, GARDEN ROUTE ERKUNDEN 58

Kapstadt 60
Im Fokus – Kapstadts Townships 84
Kap-Halbinsel 86
Westküste 106
Im Fokus – Nelson Mandela und Robben Island 114
Winelands 118
Garden Route 136
Im Fokus – Südafrikanische Literatur und Schriftsteller 154

TOUREN UM KAPSTADT, WINELANDS, GARDEN ROUTE 158

Auf der Suche nach den Big Seven im Addo Elephant Park 160
Edle Tropfen: Genießertour in die Weinstadt Robertson 162
Walbeobachtung in Hermanus und De Kelders 164

KAPSTADT, WINELANDS, GARDEN ROUTE ERFASSEN 166

Auf einen Blick 168
Geschichte 170
Kulinarisches Lexikon 176
Service 178
Orts- und Sachregister 186
Impressum 191
Gestern & heute 192

KARTEN UND PLÄNE

Kapstadt und Umgebung Klappe vorn
Kapstadt .... Klappe hinten
Kapstadt Zentrum und Bo-Kaap ... 63
Kapstadt V & A Waterfront 75
Kapstadt Woodstock und Observatory 80/81
Kap-Halbinsel 89

Muizenberg (▶ S. 101) ist bekannt für seine farbenfrohen Umkleidehäuschen.

KAPSTADT, WINELANDS, GARDEN ROUTE ENTDECKEN

MEIN KAPSTADT

Mother City ist einer der vielen Namen, den die Einheimischen, die »capetonians«, ihrer großartigen Metropole gegeben haben. Als erste Stadtgründung in der Kolonialzeit hat sich Kapstadt den Titel der Mutterstadt von Südafrika auch verdient.

Es ist früh am Morgen. Über einen sandigen Weg laufe ich den kegelförmigen Lion's Head hoch. Majestätisch thront der »Löwenkopf« über dem noblen Vorort Camps Bay und wird von der anderen Seite vom Stadtzentrum umschlossen. Immer wieder halte ich an und bin von den grandiosen Aussichten überwältigt: vom Blick auf das pulsierende Stadtzentrum im Osten, auf die beeindruckende Bergkette der Zwölf Apostel im Süden und den tiefblauen Atlantik, der in der Sonne glitzert. Nach eineinhalb Stunden Wanderung und steilen Pässen kurz vor dem Ziel stehe ich endlich auf der Spitze des Berges und werde mit einem umwerfenden 360-Grad-Blick belohnt. Beim Anblick des majestätischen Tafelbergs, der pulsierenden Mother City und den grandiosen Landschaften, die sie um-

◄ In der Long Street (► S. 65) gibt es viele
günstige Unterkünfte und nette Cafés.

geben, gibt es keinen Zweifel daran, dass Kapstadt zu den schönsten Städten der Welt gehört. Die gesamte Kap-Halbinsel wurde von der Natur so verwöhnt, dass ihr Anblick manchmal fast surreal wirkt. Wer die ganze Schönheit Kapstadts und der Kap-Region erst einmal entdeckt hat, wird sie nur schweren Herzens wieder verlassen.

UNENDLICHE VIELFALT

So ging es auch mir bei meinem ersten Besuch. Nach zwei Wochen im sommerlichen Kapstadt konnte ich mir kaum vorstellen, wieder zurück ins kalte Deutschland zu müssen. Ein kleiner Trost war jedoch, dass mir bereits vorher bewusst geworden war (spätestens, als ich auf dem Plateau des Tafelbergs stand), dass es hier so viel zu entdecken gibt, dass ein einziger Besuch eigentlich gar nicht ausreicht. Denn die Erkundung der Kap-Provinz bietet unendlich viele Möglichkeiten: Im Zentrum Kapstadts spiegeln die diversen historischen Sehenswürdigkeiten und Museen die bewegte Vergangenheit des Landes wider. Dass vieles an Europa erinnert, ist nicht verwunderlich: Die europäischen Siedler der Kolonialzeit haben ihre Spuren hinterlassen. Spuren früherer Bewohner sind auch im muslimischen Viertel Bo-Kaap allgegenwärtig: In den kunterbunten Häusern leben die Kapmalaien, die Nachfahren der im 17. Jahrhundert von der Niederländisch-Ostindischen-Kompanie aus asiatischen Ländern verschleppten Sklaven.

TRAUMSTRÄNDE UND SPITZENWEINE

Die Kap-Halbinsel beeindruckt dagegen mit spektakulären Landschaften und Traumstränden. Auf der einen Seite wird sie von den wärmeren Fluten des Indischen Ozeans umspült, auf der anderen Seite rauscht kräftig der kühlere Atlantik.

Nur unweit der Stadt liegen die malerischen Winelands mit ihren wunderschönen kapholländischen Bauten. Eine geballte Ansammlung von Spitzenweingütern und Gourmetrestaurants mit exzellenter Küche zu bezahlbaren Preisen machen die nahe gelegenen Weinstädte Constantia, Stellenbosch und Franschhoek zu einem Paradies für Feinschmecker.

An der Westküste geht es etwas ruhiger zu, die endlosen Traumstrände sind oftmals menschenleer und bieten Ruhe und Erholung. Der fangfrische Fisch, den die Fischerboote in die kleinen Küstenorte bringen, ist ein

Genuss für Seafood-Fans. Die Garden Route ist Südafrikas berühmteste Panoramastraße und beeindruckt mit abwechslungsreicher Natur. Entlang dem Indischen Ozean reihen sich außerdem feine Sandstrände aneinander, die zum Baden einladen.

Neben den vielen landschaftlichen Attraktionen bietet das Kap auch faszinierende Tierbegegnung: Entlang der Garden Route gibt es mehrere »game reserves« (Wildschutzgebiete), in denen die **Big Five** Afrikas zu sehen sind, in Gansbaai können Sie mit dem Weißen Hai tauchen, und in der Walhauptstadt Hermanus lassen sich die sanften Riesen aus nächster Nähe beobachten.

EINE STADT IM WANDEL

Durch die Fußball-WM 2010 hat sich in der Innenstadt Kapstadts noch einmal viel getan. Neue Einkaufs- und Unterhaltungsmöglichkeiten, Restaurantangebote und Übernachtungsmöglichkeiten sind hinzugekommen. Der Standard ist hoch, das Angebot lässt keine Wünsche offen. Auch der Sicherheitsaspekt wurde noch einmal verbessert, obwohl Kapstadt seit vielen Jahren bereits zu den sichersten afrikanischen Städten gehört. Eine gesunde Vorsicht ist dennoch angeraten, vor allem bei Dunkelheit. Von der Verbesserung des Straßennetzes profitieren nicht nur die Besucher der Stadt, sondern in erster Linie auch die Einheimischen, die nun viel einfacher und schneller zwischen ihren Wohn- und Arbeitsstätten pendeln können.

Unglaubliche Veränderungen hat es auch im früheren Arbeiterviertel Woodstock gegeben, das sich in den letzten Jahren zum angesagtesten Trendviertel der Stadt entwickelt hat. In restaurierten Industriegebäuden finden sich neben Künstlern und Designern nun auch viele andere junge Kreative, die sich mit der Umsetzung ihrer eigenen Ideen ein Geschäft aufgebaut haben und mit ihrem Einfallsreichtum inspirieren.

GEGENSÄTZE UND HERAUSFORDERUNGEN

Die wunderschöne Kap-Region hat jedoch auch ihre Schattenseiten: Mehr als die Hälfte der Bevölkerung Kapstadts lebt an die Grenzen der Stadt gedrängt, ein Teil davon in erbärmlichen Verhältnissen. In den sogenannten »Cape Flats«, einer dicht besiedelten sandigen Fläche, die zu großen Teilen aus Wellblechhütten besteht, wohnen mehr als zwei Millionen Menschen. Die Armutsverhältnisse in den Townships stehen in extremem Gegensatz zum unverkennbaren Reichtum in den noblen Wohnvierteln der Atlantikküste. Auch mehr als zwanzig Jahre nach dem menschenverachtenden System der Apartheid sind die Auswirkungen des Regimes noch spürbar. Dazu kommt, dass die neuen schwarzen Machthaber bei vielen Menschen bereits ihr Vertrauen verspielt haben, fast täglich gibt es Proteste gegen den unter Korruptionsverdacht stehenden Staatspräsidenten Jacob Zuma. Südafrika muss, insbesondere nach dem schmerzhaften Verlust von Nationalheld Nelson Mandela, die Stabilität seiner Demokratie nun mehr denn je unter Beweis stellen.

ATTRAKTIVER LEBENSSTIL

Trotz aller Probleme im Land ist aber auch die Gelassenheit der Südafrikaner allgegenwärtig. Alles geht hier ein bisschen langsamer zu, Zeitdruck und Stress scheinen die meisten »capetonians« gar nicht zu kennen, und genau das macht sie so sympathisch.

Der entspannte Lebensstil der Südafrikaner wird auch von vielen Europäern als angenehme Alternative zum hektischen Alltag in ihrer Heimat empfunden. Neben der hohen Lebensqualität am Kap, dem angenehmen Klima und den verhältnismäßig geringen Lebenskosten macht auch er Kapstadts Anziehungskraft aus.

Zehntausende Deutsche gehören zu den in Kapstadt lebenden Aussteigern, und vielen Urlaubern fällt es vor allem in den deutschen Wintermonaten sichtlich schwer, aus dem sonnigen Kapstadt wieder in die kalte Heimat zurückzukehren. Viele von ihnen kommen wieder, um die vielfältige Kap-Region weiter zu erkunden. Mir selbst ging es auch so. Nach meinem ersten Aufenthalt in Kapstadt hat mich die Stadt mit ihrer traumhaften Umgebung so fasziniert, dass ich unbedingt zurückkehren und sie noch besser kennenlernen wollte.

Südafrikas Slogan »Eine Welt in einem Land« wirkt zunächst vielleicht abgedroschen, es wird jedoch kaum ein Besucher die Kap-Region verlassen, der diesem nicht zustimmt.

In einem Radius von wenigen Hundert Kilometern ist hier einfach alles zu finden, was einen abwechslungsreichen Urlaub ausmacht.

DIE AUTORIN

Die freie Autorin und PR-Beraterin **Sandra Vartan** lebt in Hamburg und reist seit vielen Jahren in die Kap-Region. Nach ihrem ersten Aufenthalt in Kapstadt zog es sie jedes Jahr zurück in die Mother City. In den letzten Jahren hat sie ihre Reisen zeitlich immer weiter ausgedehnt, aus Wochen wurden Monate, und schließlich ist Südafrika zu ihrer zweiten Heimat geworden.

MERIAN TopTen

Diese Höhepunkte sollten Sie sich bei Ihrem Besuch auf keinen Fall entgehen lassen: Ob wandern auf dem Tafelberg, ein Besuch in den Winelands oder im Addo Elephant Park – MERIAN präsentiert Ihnen hier die wichtigsten Sehenswürdigkeiten rund um Kapstadt.

1 Tafelberg Nationalpark
Das weitläufige Plateau des Wahrzeichens Kapstadts beeindruckt mit schönen Aussichten und einer einzigartigen Natur (▶ S. 66).

2 Victoria & Alfred Waterfront
Das Hafengebiet am Fuße des Tafelbergs bietet vielfältige Einkaufs- und Unterhaltungsmöglichkeiten, Restaurants und Cafés (▶ S. 40, 74).

3 Woodstock
Das Trendviertel beherbergt nicht nur ausgezeichnete Restaurants und Galerien, sondern samstags den schönsten Markt Kapstadts (▶ S. 17, 80).

4 Lion's Head
Wer den stellenweise sehr steilen Bergaufstieg geschafft hat, wird mit spektakulären Panoramaaussichten belohnt (▶ S. 92).

5 Kap der Guten Hoffnung
Mehr als 1000 Pflanzenarten, viele frei lebende Tiere und beeindruckende Landschaften zeichnen die Südspitze der Kap-Halbinsel aus (▶ S. 104).

6 Bloubergstrand
Nicht nur ein Paradies für Surfer und Kite-Surfer, sondern auch der beste Aussichtsplatz auf den Tafelberg und die Skyline Kapstadts (▶ S. 47, 107).

⭐ Robben Island

Die berüchtigte Gefängnisinsel vor Kapstadt, auf der Nelson Mandela 18 Jahre lang festgesetzt war, ist heute ein Nationaldenkmal mit interessantem Museum (▶ S. 75, 114).

⭐ Weinrouten

Hochburg für Genießer: Eine Vielzahl an Weingütern und Spitzenrestaurants lockt in netten Ortschaften mit feinster Kochkunst und edlen Tropfen Gourmets an (▶ S. 118).

⭐ Garden Route

Die rund 300 km lange Strecke führt durch wunderschöne Landschaften am Indischen Ozean entlang und gehört zu Recht zu den beliebtesten Routen Südafrikas (▶ S. 136).

⭐ Addo Elephant Park

Am Ende der schönen Garden Route haben Besucher im drittgrößten Nationalpark des Landes die seltene Chance auf eine spannende Begegnung mit den Big Seven (▶ S. 160).

MERIAN Momente
Das kleine Glück auf Reisen

Oft sind es die kleinen Momente auf einer Reise, die am stärksten in Erinnerung bleiben – Momente, in denen Sie die leisen, feinen Seiten der Region kennenlernen. Hier geben wir Ihnen Tipps für kleine Auszeiten und neue Einblicke.

Sundowner im Twelve Apostles Hotel

▶ Klappe hinten, westl. a 4

Bei einem Sundowner auf der Terrasse der Leopard Bar im Twelve Apostles Hotel am Fuße der gleichnamigen Bergkette kann man den Tag in gediegener Atmosphäre und mit traumhafter Aussicht besonders schön ausklingen lassen. In der Abendsonne wird die umliegende Bergkette in ein dramatisches Licht getaucht, auf der anderen Seite glitzert das Meer, und in naher Entfernung funkeln die Lichter der noblen Häuser von Camps Bay. Empfehlenswert ist hier nicht nur die große Auswahl an Longdrinks und Cocktails, sondern auch die Spezialitäten aus der Küche schmecken gut. Wer großen Hunger hat oder zum Teilen bereit ist, sollte sich die Mini-Burger-Platte gönnen: Zwölf kleine Hamburger in unterschiedlichen Fleischsorten sorgen für eine ordentliche Grundlage oder Stärkung nach einem anstrengenden Tag.

Kapstadt, Camps Bay (Oudekraal Nature Reserve) | Victoria Road | www.12apostleshotel.com

❷ Frühstücken auf dem Neighbourgoods Market ▶ S. 81, c1

Wer zum Frühstück auf den Neighbourgoods Market in der Old Biscuit Mill im Trendviertel Woodstock kommt, fühlt sich wie im Schlemmerparadies: Von den Dutzenden Ständen der lokalen Anbieter weht einem der feine Duft von frisch gebackenen Waffeln, Cupcakes und Kuchen, herzhaften Burgern, Sandwiches und internationalen Spezialitäten entgegen. Eine bessere und größere Frühstücksauswahl gibt es nirgendwo in der Stadt. Kommen Sie nicht zu spät, um dem großen Andrang zu entgehen, und am besten mit möglichst leerem Magen. Denn hier würden Sie sich wünschen, nicht so schnell satt zu sein und noch viel mehr von den leckeren Köstlichkeiten probieren zu können.

Kapstadt, Woodstock | The Old Biscuit Mill, 373 Albert Road | www.neighbourgoodsmarket.co.za | Sa 9–14 Uhr

❸ Vom Signal Hill aus den Sonnenuntergang betrachten
▶ S. 89, b 2

Lust auf eine kleine Auszeit mit herrlichem Ausblick? Dann sollten Sie sich kurz vor Einbruch der Dämmerung auf

den Signal Hill, den kleinen Bruder des Tafelbergs, begeben. Vielleicht machen Sie es auch wie viele Einheimische und nehmen sich ein kleines Picknick mit nach oben. Am besten kommen Sie eine gute Stunde vor Sonnenuntergang und fahren mit dem Auto bis zur Spitze des Berges. Suchen Sie sich dort ein Plätzchen im Grünen und lassen Sie zum Beispiel bei einem guten Glas Wein den Blick über die Weite des Ozeans und die Lichter der Stadt schweifen. Schöner kann ein Tag kaum enden.

Kapstadt, Table-Mountain-Nationalpark

❹ Joggen entlang der Atlantikküste ▶ S. 89, a 2

Wer seine sportlichen Momente sucht und Ausschau nach einer schönen Walking- oder Joggingstrecke hält, findet rund um Kapstadt viele Möglichkeiten. Eine tolle Strecke mit schönen Aussichten auf die Atlantikküste ist zum Beispiel der Weg von Camps Bay bis Bantry Bay. Die einfache Strecke ist gut 3 km lang. Wieder in Camps Bay angekommen, bietet sich eine Stärkung mit einem leckeren Frühstück an der Strandpromenade an.

Kapstadt, Camps Bay bis Bantry Bay | Victoria Road

5 Strandspaziergang am Long Beach ▶ S. 89, a 4

Der nicht enden wollende Long Beach von Noordhoek lädt zu einem Strandspaziergang ein. Mit rund 8 km ist er der längste Strand der Kap-Halbinsel und bietet eine angenehme Ruhe, die an den belebten Stränden rund um Kapstadt nur selten zu finden ist. Die umliegende Landschaft ist spektakulär: Am Anfang des Strandes ragen die Berge des südlichen Ausläufers des Chapman's Peak in den Sand, am anderen Ende erstreckt sich die feine Dünenlandschaft bis zum Leuchtturm des Küstenorts Kommetije. Surfer, Kiter und Wellenreiter finden hier die idealen Bedingungen, was Noordhoek Beach bei ihnen weltweit bekannt gemacht hat. Eine andere sportliche Alternative bieten die umliegenden Reiterhöfe an: Ausritte, bei denen sich der Strand ebenfalls wunderbar erkunden lässt.

Noordhoek | Long Beach

6 Baden mit Pinguinen ▶ S. 89, b 5

Mit einem ganz besonderen Erlebnis, das wohl nur wenige Orte dieser Erde zu bieten haben, trumpft die historische Stadt Simon's Town südlich von Kapstadt auf: baden mit Pinguinen. Am Boulders Beach können Besucher die hier lebende Brillenpinguinkolonie nicht nur aus allernächster Nähe beobachten, sondern auch mit den drolligen Tieren schwimmen gehen. Legen Sie doch einfach einen Stopp auf Ihrem Weg zum Kap der Guten Hoffnung ein und genießen Sie ein Bad in der Pinguinmenge. Wo sonst haben Sie schon die Chance dazu?

Tipp: Rechts vom kostenpflichtigen Hauptstrand gibt es einen kleineren Strandabschnitt, der weniger stark besucht und frei zugänglich ist.

Simon's Town, Table Mountain National Park | Boulders Beach, Kleintuen Road | Dez.–Jan. 7–19.30, 8–18.30 Uhr in den restlichen Sommermonaten | 40 Rand, Kinder 20 Rand

7 Braai – Grillen wie die Südafrikaner

Ein echtes Erlebnis – nicht nur kulinarisch – ist das traditionelle Braai, das südafrikanische Pendant zum amerikanischen Barbecue. Denn Grillen ist die große Leidenschaft der Einheimischen und genießt einen hohen Stellenwert als gesellschaftliches Ereignis. Öffentliche Grillplätze gibt es deshalb an vielen Orten, und auch im heimischen Garten darf der Grill natürlich nicht fehlen. Auf den Grill kommt vor allem Fleisch: deftiges Rind- oder Lammfleisch, Wildfleisch oder Boerewors, eine traditionelle, zur Schnecke gedrehte Wurst mit Koriander. Für Vegetarier ist ein Braai nicht unbedingt ideal, aber notfalls lässt sich auch Gemüse auf den Grill legen. So vielfältig die Küche am Kap auch ist, die Liebe zum Fleisch vereint die Südafrikaner. Die

Benutzung von Holzkohle, die viel zu schnell abbrennt, ist verpönt. Stattdessen werden Harthölzer geschichtet, die viele Stunden brennen und für die richtige Temperatur sorgen. Ein richtiges Braai dauert deshalb auch seine Zeit, die die (meist männlichen) Südafrikaner gerne mit einem oder mehreren Bieren am Feuer bzw. Grill verbringen. Dabei können sie über Gott und die Welt reden, alle Probleme des Landes dabei lösen oder auch stundenlang mit Blick in die Flammen schweigen.

Wenn Sie die Einladung »Let's braai« erhalten oder die Chance auf ein eigenes Braai an einem der vielen öffentlichen Plätze haben, sollten Sie sich diese auf keinen Fall entgehen lassen, aber viel Appetit und Zeit mitbringen.

8 Picknicken auf dem Weingut  B3

Entspannen, genießen und die Seele baumeln lassen – ein gemütliches Picknick im schönen Garten eines Weinguts oder in freier Natur bietet hierfür eine hervorragende Gelegenheit. Ganz egal ist dabei, ob Sie sich Ihren eigenen Picknickkorb selbst zusammenstellen, sich ein schattiges Plätzchen suchen und auf einer saftigen Wiese Ihre Decke ausbreiten oder ein feines Gourmetpicknick in einem der vielen Weingüter buchen und an einem fertig eingedeckten Tisch Platz nehmen. Die einladenden Weingüter bieten vielfältige Möglichkeiten für jeden Geschmack. Ein besonders schöner Ort zum Picknicken ist das mehr als 300 Jahre alte Weingut Vergelegen bei Somerset West. Inmitten eines idyllischen Waldes, der das Weingut umgibt, können sich Besucher die vom gutseigenen Restaurant zusammengestellten Köstlichkeiten schmecken lassen. Vorbestellungen sind hier vor allem während der Hauptsaison empfehlenswert. Von 12.15 bis 13.30 Uhr kann man täglich seinen vorbestellten Picknickkorb abholen, zum Schmausen hat man dann bis 16.30 Uhr Zeit.

Vergelegen Estate | Somerset West | Lourensford Road | Tel. 0 21/8 47 13 34 | www.vergelegen.co.za

NEU ENTDECKT
Worüber man spricht

Jede Region verändert sich – auch wenn vieles beim Alten bleibt. Durch neu eröffnete Museen, Hotels oder Restaurants gewinnen Orte und manchmal ganze Landstriche weiter an Attraktivität. Ebenso lässt sich die Region mit neuen Freizeitangeboten vielfältiger erleben und vielleicht sogar mit anderen Augen sehen. Hier erfahren Sie alles über die jüngsten Entwicklungen.

◀ In Woodstock (▶ MERIAN TopTen, S. 80) dominieren heute Kunst und Kreativität.

SEHENSWERTES

Trendviertel Woodstock ▶ S. 80/81

Früher war es ein tristes Industrieviertel mit schlechtem Ruf, heute ist es das aufstrebendste Viertel der Stadt. Im Stadtteil **Woodstock** ⭐, im Osten der Stadt, trifft sich Kapstadts Kreativszene. Aus einst verfallenen Gebäuden haben sich trendige Mode- und Möbelläden, Kunstgalerien und Bürolofts entwickelt. Nicht nur Künstler, Designer und Musiker haben hier ihre Quartiere bezogen, auch Unternehmen wie Google und Start-ups sind hier ansässig. Die Einkaufsmöglichkeiten sind in Kapstadts pulsierendstem Stadtteil genauso vielfältig wie die Restaurantszene: Modebewusste finden in den Shops rund um die Albert Road die neuesten Kreationen von jungen lokalen Designern. Neben dem südafrikanischen Starkoch Luke Dale Roberts, der mit gleich zwei Restaurants (The Test Kitchen ▶ S. 83 und Pot Luck Club) hier vertreten ist, haben sich auch viele kleinere Cafés und Restaurants angesiedelt, die mit frischen regionalen Zutaten experimentieren und hohe Qualität auftischen. Jeden Samstag treffen sich Besucher und Einheimische auf dem Neighbourgoods Market (▶ S. 37) in der Old Biscuit Mill, ca. 4 km südöstlich vom Zentrum Kapstadts.

Kapstadt, Woodstock

MUSEEN UND GALERIEN

First Thursdays – Galerieabende im Zentrum Kapstadts

An jedem ersten Donnerstag im Monat öffnet eine Vielzahl von Galerien im Zentrum vom Kapstadt bis spät in den Abend (21 Uhr und länger) Kunstinteressierten ihre Türen. Das Angebot ist bei Einheimischen und Touristen sehr beliebt und wächst rasant. Mehr als 30 Galerien nehmen bisher teil und bieten an den First Thursdays ihren Besuchern freien Eintritt ab 18 Uhr. Auf der Website der Veranstalter können sich Interessierte einen kleinen Stadtplan herunterladen, auf dem alle teilnehmenden Galerien eingezeichnet sind. Neben Galerien laden auch ausgewählte Boutiquen, Einrichtungs- und Designshops zum späten Abendshopping ein. Die größte Dichte an Galerien findet sich in der Church Street und den beiden angesagten Straßen Bree und Loop Street.

www.first-thursdays.co.za | jeden ersten Donnerstag im Monat

ÜBERNACHTEN

The Marly ▶ Klappe hinten, westl. a 4

Großartige Ausblicke – Versteckt an der Strandpromenade von Camps Bay über diversen Cafés und Restaurants gelegen, befindet sich das neue Boutique-Hotel mit luxuriös ausgestatteten Suiten. Von den Zimmern mit Meerblick bietet sich eine grandiose Aus-

sicht auf den hellen Sandstrand. Auch der Blick von den Zimmern der Kategorie Mountain-Facing auf die Bergkette der Zwölf Apostel ist beeindruckend. Das moderne Design des Hauses und seine farbliche Gestaltung in Grau-Weiß bieten einen stilvollen Kontrast zum traditionell farbenfrohen afrikanischen Einrichtungsstil.
Kapstadt, Camps Bay | 201 The Promenade, Victoria Road | Tel. 0 21/4 37 12 87 | www.themarly.co.za | 11 Suiten | €€€€

ESSEN UND TRINKEN
Bocca ▶ S.63, b 2
Bella Italia in angesagter Lage – In dem im Herbst 2014 eröffneten Restaurant in der trendigen Bree Street kommt authentisches italienisches Essen auf den Tisch: hausgemachte Pasta mit Garnelen oder Tomatensugo, außerdem knusprige Pizza nach Napoli-Art, die aus einem original italienischen Pizzaofen kommt. Für den kleinen Hunger oder zum Lunch gibt es Panini, Salate und Fingerfood. Nicht zu vergessen ist der süße Abschluss wie Haselnuss-Cranberry-Biscotti oder Safran-Panna-Cotta. Weil keine Tischreservierungen angenommen werden, sollten Sie nicht zu spät kommen oder sich auf Wartezeiten einstellen.
Kapstadt, Zentrum | Ecke Bree/Wale Street | Tel. 0 21/4 22 01 88 | www.bocca.co.za | €€

Umi ▶ Klappe hinten, westl. a 4
Japanisch mit Aussicht – Der Name des neu eröffneten Restaurants ist hier Programm. Denn »Umi« bedeutet so viel wie »Meer« auf Japanisch. Auf der Karte stehen authentische Sushi- und Fischspezialitäten der modernen japanischen Küche. Frisch zubereitet kommen die größeren und kleineren Gerichte wie beim Tapas-Essen nacheinander auf den Tisch. Am besten kommen Sie zum Mittagessen oder am frühen Abend, um den traumhaften Blick von der Terrasse über den Atlantik und den belebten Strand zu genießen.

Auch die Ausstattung ist modern-japanisch, das puristische Design lenkt nicht vom Essen ab und ist schön.
Kapstadt, Camps Bay | 201 The Promenade, Victoria Road | Tel. 0 21/4 37 18 02 | www.umirestaurant.co.za | €€€€

EINKAUFEN
Watershed ▶ S.75, b 2
In der im Winter 2014 neu eröffneten Einkaufshalle in der Victoria & Alfred Waterfront gibt es mehr als 150 Stände von lokalen Anbietern, die afrikanisches Kunsthandwerk, Kleidung und Accessoires verkaufen. Einige davon unterstützen soziale Projekte in den Townships. Auch originelle Souvenirs sind hier zu finden.
Kapstadt, Waterfront | Dock Road | www.waterfront.co.za/shop/markets | tgl. 10–19 Uhr

AKTIVITÄTEN

Baumkronenpfad im Kirstenbosch Botanical Garden ▶ S. 89, b 3

Wer es eher gemütlich mag, sollte den neuen Baumkronenpfad im Kirstenbosch Botanical Garden besuchen. Die Botanischen Gärten an den Südosthängen des Tafelbergs gehören zu den schönsten der Welt und sind mit mehr als 7000 Pflanzenarten ein Paradies für Naturliebhaber. Seit 2014 schlängelt sich auf 11 m Höhe der 130 m lange Baumkronenpfad durch die Gipfel der mächtigen Bäume. Er bietet gigantische Panoramaaussichten auf den Tafelberg, die Stadt und die Tafelbucht. Von mehreren Aussichtsplattformen kann die vielfältige Flora und Fauna aus nächster Nähe betrachtet werden. Über 400 verschiedene Baumarten wachsen im Botanischen Garten.
Kirstenbosch Botanical Garden | Newlands, Rhodes Drive | www.sanbi.org/gardens/kirstenbosch | 50 Rand, Kinder 10 Rand

Cape Canopy Tour ⚑ B 3

Rund 50 km südöstlich von Kapstadt, im Hottentots Holland Nature Reserve, können sich Besucher auf einer geführten Tour an Drahtseilen über die Riviersonderend-Schlucht und die steilen Berghänge schwingen. Das Naturreservat ist erst seit Kurzem zugänglich und gehört zum Weltkulturerbe. Während des 320 m langen Gleitflugs lassen sich Wasserfälle und die spektakuläre Landschaft bestaunen, bei der auch Natur- und Pflanzenfans auf ihre Kosten kommen, denn das Naturreservat gehört zum kleinsten und artenreichsten Pflanzenreich der Welt, dem Cape Floristic Kingdom. In der vierstündigen Tour ist auch ein Picknick inbegriffen.
Hottentots Holland Nature Reserve | R321, Elgin | Tel. 0 21/3 00 05 01 | www.capecanopytour.co.za | Touren 8–14 Uhr | 595 Rand

⚑ Weitere Neuentdeckungen sind durch dieses Symbol gekennzeichnet.

Canopy (▶ S. 19) heißt die neue Trendsportart in Südafrika. Die aus Costa Rica stammende Freizeitaktivität eröffnet neue Perspektiven auf Südafrikas Landschaften.

Die Waterfront (▶ S. 74) ist Kapstadts Amüsierviertel für die ganze Familie.

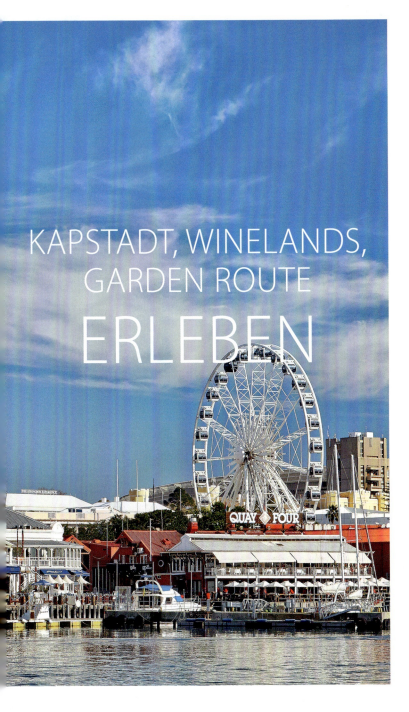

ÜBERNACHTEN

Charmante Gästehäuser, idyllische Weingüter, ausgefallene Lodges, gemütliche Bed & Breakfasts bei Einheimischen: Kapstadt, die Winelands und die Garden Route bieten vielfältige Unterkünfte, die den unterschiedlichsten Vorstellungen entsprechen.

In Kapstadt, den umliegenden Weinanbaugebieten und auf der Garden Route findet sich eine große Auswahl an Unterkünften unterschiedlicher Kategorien und Arten: von lebhaften **Stadt- und Strandhotels** im modernen oder traditionellen Stil über luxuriöse **Lodges**, die über Baumwipfel ragen oder von riesigen Naturreservaten umgeben sind, und gediegene **Weingüter**, die nicht nur mit komfortablen Übernachtungsmöglichkeiten, sondern auch mit Spitzengastronomie auftrumpfen, bis hin zu gemütlichen **Gästehäusern** (»guest houses«), gut ausgestatteten **Ferienwohnungen** (»self-catering accommodation«) oder **Bed & Breakfast**-Unterkünften, die oftmals in wunderschönen, restaurierten alten Villen untergebracht sind und einen hohen Komfort bieten. Allein im Zentrum Kapstadts ist die Auswahl an Übernachtungsmöglichkeiten immens. Für jeden Anspruch und Geldbeutel ist etwas dabei. Der Standard der Unter-

◄ Ruhige Lage: The Alphen Boutique Hotel
(▶ S. 24) im Weinort Constantia.

künfte ist hoch und entspricht dem Nordeuropas. Im Übernachtungspreis der meisten Unterkünfte (ausgenommen Ferienwohnungen) ist ein kontinentales Frühstück enthalten.
Die Preise sind aufgrund des schwachen Währungskurses moderat, vor allem in der Nebensaison von Mai bis September. Ausgenommen davon sind Luxushotels und exklusive Häuser mit nur wenigen Zimmern, die teilweise mit mehreren Hundert Euro pro Nacht zu Buche schlagen. Während der Hochsaison, dem afrikanischen Sommer von Oktober bis April, ist es ratsam, sich frühzeitig um eine Unterkunft zu kümmern. Gerade die besonders beliebten und eher günstigen Hotels und Ferienwohnungen sind oftmals lange im Voraus ausgebucht. Eine Reservierungsmöglichkeit ist www.sa-venues.com.

ÜBERNACHTEN IN KAPSTADT UND UMGEBUNG

Bei der Auswahl der Unterkunft sollte nicht nur Ihr persönliches Budget, sondern auch die Lage eine entscheidende Rolle spielen. Für alle, die die pulsierende Stadt hautnah erleben möchten, eignet sich ein zentrales Stadthotel oder Gästehaus in der sogenannten City Bowl (Stadtgebiet), in der Nähe der Victoria & Alfred Waterfront oder in einem der beliebten Viertel Tamberskloof, Gardens und Oranjezicht. Wer einen gehobenen Standard in Strandnähe bevorzugt, ist in den noblen Stadtteilen an der Atlantikküste wie etwa Camps Bay gut aufgehoben. Erholungsuchende finden im ältesten Weingebiet der Region, Constantia, das nur zwanzig Minuten vom Zentrum entfernt liegt, eine gute Auswahl an gehobenen Übernachtungsmöglichkeiten in Weingütern oder nostalgischen Landhäusern.

CHARMANTE PRIVATUNTERKÜNFTE UND BOUTIQUE HOTELS

Ob Sie in einem großen Hotel oder einem kleinen Privathaus nächtigen, entscheiden Sie. Der Vorteil der kleinen Privathäusern ist, dass Sie schnell mit Einheimischen ins Gespräch kommen, die hilfreiche Tipps geben können und interessante Geschichten zu erzählen haben. Immer beliebter sind in den letzten Jahren auch kleine **Boutique-Hotels** geworden, die oft nur wenige, aber sehr liebevoll eingerichtete Zimmer anbieten und damit ein ganz besonderes Flair haben. Auch entlang der Garden Route ist die Auswahl an Unterkünften vielfältig. Neben Hotels, Gästehäusern und Ferienwohnungen gibt es auch eine kleinere Anzahl an Lodges, die im traditionellen afrikanischen Stil erbaut und meist in Naturschutzgebieten oder Wildreservaten (»game reserves«) gelegen sind. Im Übernachtungspreis der meisten Lodges in Reservaten sind in der Regel ein bis zwei Pirschfahrten täglich (»game drives«) sowie Halbpension oder Vollverpflegung enthalten. In den größeren Reservaten kann man teils sogar die Big Five entdecken, andere haben sich auf bestimmte Tierarten wie Elefanten spezialisiert.

BESONDERE EMPFEHLUNGEN

2Inn1 Kensington ▶ S. 63, a 4
Tolle Lage in der Stadt – Das ausgezeichnete Boutique-Hotel ist im ruhigen Stadtteil Oranjezicht zentral gelegen und besteht aus einem renovierten viktorianischen und einem modernen Bungalow. Die geräumigen Zimmer und Apartments sind im modernen afrikanischen Stil eingerichtet. Vom Pool und der Terrasse blicken Gäste auf den Tafelberg und den Lion's Head. Ein kleines Spa und Fitnessstudio sind im Hotelkomplex vorhanden. Zum besonderen Service gehören kostenlose Sundowner Drinks, die jeden Nachmittag in der Abendsonne genossen werden können.

Kapstadt, Oranjezicht | 21 Kensington Crescent | Tel. 0 21/4 23 17 07 | www.2inn1.com | 10 Zimmer | €€

The Alphen Boutique Hotel ▶ S. 89, b 3
Extravagant – Auf einem historischen Anwesen aus dem 17. Jh. liegt das elegante Boutique-Hotel in schöner Lage. Die Verbindung von traditionellem und modernem Stil ist hier perfekt gelungen. Die luxuriösen Suiten sind auf drei Gutshäuser verteilt. Der wunderschöne Garten mit Pool und Himmelbetten lädt zum Entspannen ein. Im hauseigenen Restaurant 5 Rooms lässt es sich in fünf verschiedenen Räumen, die mit wertvollen Antiquitäten und Gemälden ausgestattet sind, stilvoll und gut speisen. Neuerdings wird ein klassischer High Tea am Nachmittag serviert. Außerdem gibt es noch La Belle Bistro & Bakery und The Rose Bar im Freien.

Constantia | Alphen Drive | Tel. 0 21/7 95 63 00 | www.alphen.co.za | 19 Suiten | €€€

Tsala Treetop Lodge E 3
Luxus über Baumkronen – Idyllisch gelegen inmitten des Tsitsikamma-Waldes auf der Garden Route bietet die Lodge ein Übernachtungserlebnis der besonderen Art. Die von traditionell afrikanischer Architektur inspirierten Luxushütten sind auf Stelzen gebaut und ragen über die Baumwipfel hinaus. Alle Gebäude sind in die natürliche Umgebung integriert und über Laufstege miteinander verbunden. Zu jeder der Suiten und Villen gehört ein Wohnzimmer, ein bzw. zwei Schlafzimmer, ein großes Badezimmer und ein eigener Pool. Der Ausblick von der Veranda ist atemberaubend.

Abseits der N 2, 10 km westl. von Plettenberg Bay | Tel. 0 44/5 32 82 28 | www.tsala.hunterhotels.com | 16 Suiten und Villen | €€€€

Übernachten | 25

Welgelegen Guest House ▶ S. 63, a 4

Herzliche Atmosphäre – Das kleine Gästehaus ist nur wenige Meter von der beliebten Kloof Street entfernt und besteht aus zwei wunderschönen viktorianischen Gebäuden, die mit viel Liebe zum Detail im afrikanischen Stil dekoriert und durch einen schönen Innenhof mit Pool verbunden sind. Das Haus wird von der Engländerin Fiona Evans und der Südafrikanerin Colleen Ogilvie geführt, die alles dafür tun, dass sich Gäste hier wie zu Hause fühlen und eine unvergessliche Zeit verbringen. Tee und Kekse auf den Zimmern gehören zu den vielen kleinen Aufmerksamkeiten, mit denen Gäste verwöhnt werden.

Kapstadt, Gardens | 6 Stephen Street | Tel. 0 21/4 26 23 73 | www.welgelegen.co.za | 13 Zimmer | €€

Whale Song Lodge B 3

Schlafen mit Walgesang – Während der Saison von Juni bis November lassen sich die vorbeiziehenden Wale in der Walker Bay vom Bett der Suite aus beobachten. Das familiär geführte Haus befindet sich nur wenige Meter entfernt von der Küste von De Kelders, einem der besten Orte für Walbeobachtungen in der Kap-Region. 2013 wurde das Haus mit dem Siegel Fair Trade In Tourism ausgezeichnet.

De Kelders | 83 Cliff Street | Tel. 0 28/3 84 18 65 | www.whalesonglodge.co.za | 4 Zimmer, 1 Suite | €€

Weitere empfehlenswerte Adressen finden Sie im Kapitel KAPSTADT ERKUNDEN.

Preise für ein Doppelzimmer mit Frühstück:

| €€€€ ab 300 € | €€€ ab 200 € |
| €€ ab 100 € | € bis 100 € |

Luxus und Natur vereint genießt man in der außergewöhnlichen Tsala Treetop Lodge (▶ S. 24) in den auf Stelzen gebauten, großzügig dimensionierten Unterkünften.

ESSEN UND TRINKEN

Kapstadts Küche ist so vielfältig wie das Land und seine Bewohner. Wer sich durch die unzähligen Restaurants der Mother City durchprobiert, schmeckt die wechselvolle Geschichte der Stadt und die kulinarischen Einflüsse ihrer Bewohner.

Die Speisekarten der Restaurants spiegeln die bewegte Vergangenheit des Landes wider. Von traditionellen afrikanischen Gerichten über kapmalaiische Spezialitäten bis zu europäischen und asiatischen Speisen ist hier alles vertreten. Grund dafür sind die verschiedenen kulinarischen Einflüsse während der Kolonialzeit: Zuerst kamen die Holländer, dann die Franzosen und Engländer. Dazu kamen Sklaven unter anderem aus Indonesien, Indien und Madagaskar. Sie gehören heute zur Gruppe der Cape Malay und prägen die kapmalaiische Küche, zu deren Spezialitäten vor allem würzige **Currys** gehören. Außerdem ankerten viele Seefahrer am Kap, die ihre eigenen Rezepte mitgebracht haben. Sie alle haben ihre kulinarischen Spuren hinterlassen.

Neben jeder Menge **Fleisch** in allen Variationen wie saftigen Steaks vom Rind oder Wild, deftigen Bauernbratwürsten (»boerewors«) oder herz-

◀ Einfach, aber kreativ ist das Essen im Chefs Warehouse & Canteen (▶ S. 28).

haften Eintöpfen kommt insbesondere in den Küstenregionen und entlang der Garden Route viel **Fisch** auf den Tisch. Zu den Spezialitäten gehören »kingclip« (weißes, festes Fleisch und sehr grätenarm), »crayfish« (Languste) und andere Meeresfrüchte.

In der modernen südafrikanischen Küche werden Einflüsse aus aller Welt vermischt, es entstehen ständig neue kreative Gerichte. Der Ideenreichtum der Küchenchefs scheint grenzenlos. Überall sind die Zutaten frisch und von höchster Qualität. Ein großer Teil des sonnengereiften Obstes und Gemüses kommt aus regionalem Anbau, in den Küstenorten kommt der Fisch fangfrisch auf den Tisch, und der Geschmack des Fleisches ist kaum zu übertreffen. Die »capetonians« (Bewohner Kapstadts) lieben gutes Essen, und das schmeckt man.

INNOVATIVE JUNGE KÜCHENCHEFS UND BESONDERS HOHE QUALITÄTSSTANDARDS

Auch Gourmets kommen in der Kap-Region auf ihre Kosten. Denn neben einer großen Auswahl an einfacheren Restaurants, die Speisen in guter Qualität anbieten, findet sich eine große Anzahl an Spitzenrestaurants mit bekannten Küchenchefs und außergewöhnlichem Service. Im Vergleich zu europäischen Gourmetrestaurants kann hier sogar verhältnismäßig günstig gespeist und getrunken werden. Außerdem ist es möglich, mitgebrachten Wein gegen Bezahlung einer geringen Entkorkungsgebühr (»corkage fee«) im Restaurant zu trinken und alles, was übrig bleibt, mit nach Hause zu nehmen.

WEINANBAU UND BRAUKUNST

Wein ist das Kap-Getränk schlechthin. Die ausgezeichneten Rot- und Weißweine werden in den umliegenden Anbaugebieten Constantia, Stellenbosch, Paarl und Robertson angebaut. Zu den beliebten heimischen roten Rebsorten gehören Cabernet Sauvignon, Pinotage, Merlot, Pinot Noir und Shiraz, zu den weißen Rebsorten Chardonnay, Chenin Blanc und Sauvignon Blanc. Außerdem gibt es hervorragende Cuvées (»blends«), die aus verschiedenen Rebsorten bestehen. Neben Wein gehört **Bier** zu den bevorzugten Getränken Südafrikas. Beliebt ist neben den heimischen Marken Castle und Lions vor allem Windhoek Lager aus dem Nachbarland Namibia, das nach deutschem Reinheitsgebot gebraut wird. Genau wie beim Essen geht aber auch beim Trinken der Trend weg von der Massenproduktion hin zu regionalen Produkten. Deswegen haben sich in den letzten Jahren auch viele kleinere regionale Brauereien etabliert, die Bier nach traditionellen Methoden und ohne Zusatzstoffe brauen. Dazu gehören zum Beispiel das beliebte Jack Black Beer und die Sorten der Brauerei Brewers & Union.

Am Abend wird die alte britische Tradition des »**sundowners**«, dem Genuss eines Longdrinks oder Cocktails bei Sonnenuntergang, gepflegt. Für alkoholfreie Erfrischungen sorgen die sprudelnden Saftschorlen Grapetiser (Traubensaftschorle) und Appletiser (Apfelschorle).

WORAUF SIE ACHTEN SOLLTEN

In den meisten Restaurants wird man an einen Tisch geführt und sollte deshalb die Platzwahl nicht eigenständig vornehmen (Stichwort »wait to be seated«). Reservierungen sind vor allem abends empfehlenswert. Während der Hauptsaison kann es in besonders beliebten und gehobenen Restaurants zu längeren Wartezeiten kommen. Es ist deshalb ratsam, sich vorher zu informieren und Reservierungen gegebenenfalls schon von zu Hause aus vorzunehmen. In den meisten Restaurants gibt es keinen Dresscode, in den gehobenen Restaurants ist lässig-elegante Kleidung (»smart casual« genannt) erwünscht.

BESONDERE EMPFEHLUNGEN

Black Marlin ▶ S. 89, b 5

Spektakuläre Aussicht – Etwas versteckt gelegen, nur unweit von der Pinguinkolonie in Simon's Town entfernt, liegt das Fischrestaurant mit Panoramablick auf die Atlantikküste. Bei schönem Wetter können hier die frischen Fischspezialitäten auf der Terrasse genossen werden. Kapmalaiische Fischküchlein, Kingklip, Calamari und ein köstliches Garnelen-Curry gehören zu den Spezialitäten des Hauses. Während der Saison können von hier aus sogar Wale beobachtet werden.
Simon's Town | Miller's Point Road | Tel. 0 21/7 86 16 21 | www.blackmarlin.co.za | €€

Chefs Warehouse & Canteen ▶ S. 63, b 2

Mittagstisch und Tapas – In der rustikalen Kantine des neu eröffneten Ladens in der Bree Street gibt es einfache und dennoch überraschende Gerichte. Das Angebot wechselt täglich, die jungen Köche lassen sich immer wieder neue Kreationen einfallen, darunter Enten-Confit mit Linsen oder Pfannkuchen mit gegrilltem Schweinefleisch. Kochprofis und Hobbyköche werden in dem gut sortierten Sortiment an Küchenequipment fündig.
Kapstadt, Zentrum | 92 Bree Street | Tel. 0 21/4 22 01 28 | www.chefswarehouse.co.za | Lunch Mo–Fr 12–15, Tapas 16–20, Tapas Sa 12–14.30 Uhr | €

La Mouette ▶ Klappe hinten, a 4

Gourmetmenüs zu fairen Preisen – Das charmante Restaurant des englischen Chefkochs Henry Vigar offeriert hervorragende 6-Gänge-Tasting-Menüs. Bei gutem Wetter wird das Dinner im schönen Innenhof mit Springbrunnen serviert. Die Küche ist modern französisch mit mediterranem Einschlag. Sorgfältig ausgewählte Zutaten verbinden sich hier zu sensationellen Spezialitäten vom namibischen Lamm über Forelle aus Franschhoek bis hin zu Brownies mit Kaffeesahne und feinstem Haselnusseis. Es werden viele lokale und immer frische Produkte verwendet. Ohne Reservierung ist es schwierig einen Tisch zu bekommen.
Kapstadt, Sea Point | 78 Regent Road | Tel. 0 21/4 33 08 56 | www.lamouette-restaurant.co.za | €€

The Tasting Room 🍴 B 3

Außergewöhnlich – Das im Gourmetparadies Franschhoek gelegene Restaurant gehört zu den besten des Landes. Zum Abendessen serviert Chefköchin Margot Janse ein modernes, afrikanisch inspiriertes 8-Gänge-Überraschungsmenü. Das ausgefallen dekorierte Restaurant ist im Le Quartier Français untergebracht, das harmonisch in die Landschaft integriert ist. Unbedingt reservieren.
Franschhoek, Le Quartier Français | Ecke Berg/Wilhelmina Street | Tel. 0 21/8 76 21 51 | www.lqf.co.za | €€€€

Weitere empfehlenswerte Adressen finden Sie im Kapitel **KAPSTADT ERKUNDEN**.

Preise für ein dreigängiges Menü:

€€€€	ab 50 €	€€€	ab 25 €
€€	ab 15 €	€	bis 15 €

So appetitlich kann ein Marktstand sein: Dieser Essensstand auf dem Bay Harbour Market (▶ S. 98) in Hout Bay bietet eine große Auswahl auch für Vegetarier.

Grüner reisen
Urlaub nachhaltig genießen

Wer zu Hause umweltbewusst lebt, möchte vielleicht auch im Urlaub Menschen unterstützen, denen ein verantwortungsvoller Umgang mit der Natur am Herzen liegt. Empfehlenswerte Projekte, mit denen Sie sich und der Umwelt einen Gefallen tun können, finden Sie hier.

Mehr als sieben Millionen Touristen reisen jährlich nach Südafrika und tragen mit mehr als zwei Milliarden Dollar erheblich zum Bruttoinlandsprodukt des Landes bei. Dennoch hat der Tourismus nicht nur positive Auswirkungen: Mit seinem rasanten Wachstum geht mit ihm auch eine Veränderung des Alltags der Einheimischen sowie eine Bedrohung des empfindlichen Ökosystems einher. Zusätzlich wirken die Folgen der Apartheid, in der die schwarze Bevölkerung unter anderem im Tourismusbereich als billige Arbeitskraft ausgebeutet und unter unzumutbaren Bedingungen beschäftigt wurde, auch 25 Jahre nach dem Ende des menschenverachtenden Systems noch nach. In den letzten Jahren haben sich jedoch immer mehr Initiativen zusammengeschlossen, die sich für einen nachhaltigen Umgang mit der Umwelt und eine verbesserte Situation der Beschäftigten einsetzen. Faire Löhne und ordentliche Arbeitsbedingungen, die Einhaltung von modernen Umweltstandards und eine ethnische Unternehmensführung gehören genauso zu den Prinzipien der Organisationen wie ein fairer Umgang miteinander, und das bedeutet auch zwischen Gästen und Angestellten. Als wichtige Neuerung wurde 2003 die Nichtregierungsorganisation Fair Trade In Tourism South Africa (FTTSA) mit Sitz in Johannesburg gegründet. 66 Unterkünfte verschiedener Standards, Aktivitäten, Attraktionen und ehrenamtliche Touristenprogramme wurden bereits mit dem Siegel ausgezeichnet, 26 davon alleine in der westlichen Kap-Region. Auch wenn die Mitgliederzahl wegen des für viele Betreiber von Unterkünften und Unterhaltungsangeboten ermüdenden und aufwendigen Aufnahmeverfahrens nur ziemlich langsam wächst, trägt die Organisation durchaus zu einer positiven Veränderung im Land bei.

ÜBERNACHTEN

The Backpack ▶ S. 63, a 3

Nachhaltiges Hostel – Wer in dem überdurchschnittlich gut ausgestatteten Hostel in zentraler Lage übernachtet, tut nicht nur sich selbst, sondern auch der lokalen Gemeinschaft etwas Gutes. Zu den vielen sozialen Projekten, die das Haus unterstützt, gehören Bildungs- und Sportprojekte für benachteiligte Kinder, außerdem werden Kleiderspenden gesammelt. Angestellte sind hier viel mehr als nur Arbeitskräfte und partizipieren als Teilhaber an den Einnahmen des charmanten Hostels. Die individuell gestalteten Zimmer im afrikanisch inspirierten modernen Stil verteilen sich auf vier viktorianische Häuser. Wer eine Runde im Pool dreht, kann dabei den Blick auf den Tafelberg genießen.
Kapstadt, Gardens | 74 New Church Street | Tel. 0 21/4 23 45 30 | www.backpackers.co.za | 16 Zimmer | €

Wine Estate & Hotel Spier B3

Fairer Wein – Als erstes und bislang einziges Weingut wurde das in Stellenbosch gelegene Traditionsweingut Spier mit dem FTTSA-Siegel ausgezeichnet. Grund dafür ist der verantwortungsbewusste Umgang des Unternehmens mit umweltpolitischen und sozialen Themen. Dazu gehören neben biologischem Weinanbau, Recyclingprojekten und einem speziellen Abwassermanagement auch die Rekrutierung von Angestellten aus einem 12-km-Radius und ihre intensive Ausbildung. Das auf dem 1000 ha großen Anwesen gelegene, stilvolle Hotel bietet seinen Gästen geräumige und komfortable Zimmer, die wie in einem kleinen Dorf um mehrere Innenhöfe angeordnet sind. Im Gourmetrestaurant Eight werden frische regionale Produkte serviert. Die ausgeschenkten Weine sind mit einem Siegel für fair produzierten Wein zertifiziert.
Stellenbosch | Annandale Road | Tel. 0 21/8 09 11 00 | www.spier.co.za | €€

EINKAUFEN

T-Bag Designs ▶ S. 89, a 3

Das soziale Projekt der Engländerin Jill Heyes für Frauen aus der umliegenden Township Imizamo Yetho recycelt gebrauchte Teebeutel und macht daraus kunstvolle Mitbringsel. Alle angebotenen Produkte sind handbemalte Unikate. In der Fabrik in Hout Bay werden auch Workshops und Besichtigungen angeboten, bei denen man die Künstlerinnen kennenlernen und bei der Arbeit beobachten kann. Außerdem gibt es einen Stand auf dem Bay Harbour Market in Hout Bay (Fr 17–21, Sa, So 9.30–16 Uhr, 31 Harbour Road neben dem Restaurant Fish on the Rocks) und einen Shop in der Watershed beim Aquarium in der V & A Waterfront (Unit 12a, tgl. außer Weihnachten 10–19 Uhr).

Kapstadt, Hout Bay | Klein Kronendal, 144 Main Road | www.tbagdesigns.co.za | Mo–Do 9–17, Fr 9–16.30 Uhr

AKTIVITÄTEN

AWOL Fahrradtouren

Die vom Outdoorspezialisten AWOL organisierten Erkundungstouren mit dem Fahrrad sind nicht nur eine besonders umweltfreundliche Art des Reisens, sondern bieten auch interessante Begegnungen mit Einheimischen. Während einer halbtägigen Fahrradtour durch die Township Masiphumelele stehen unter anderem Besuche von lokalen Arbeitern und Künstlern sowie ein Besuch in einer Kinderkrippe auf dem Programm. Außerdem wird das 2002 ins Leben gerufene Radtourismus-Programm vorgestellt, das die Nutzung des Fahrrads fördert, um den günstigen, nicht motorisierten Verkehr und den Zugang zu einer Chance auf Beschäftigung und Qualifikation zu verbessern. Dazu erleichtert das Programm die Einfuhr von gebrauchten Fahrrädern nach Südafrika, die dem Aufbau und der Unterstützung von lokalen Fahrradhändlern dienen. Mitglieder der lokalen Gemeinde werden dafür ausgebildet und beschäftigt, um die Fahrräder für die organisierten Touren aufzubereiten. Wer an einer der interessanten Touren teilnimmt, leistet also einen direkten Beitrag zur Unterstützung der lokalen Händler.

Kapstadt | V & A Information Centre, Dock Road | www.awoltours.co.za | 500–2150 Rand (je nach Tour)

Dyer Island Cruises B3

Mit dem Boot geht es von Gansbaai aus zu Walbeobachtungen aus nächster Nähe. Das Vorbeiziehen der sanften Riesen ist ein unvergessliches Erlebnis. Rund um die Inseln Dyer und Geyer Island können neben den Meeressäugern und verschiedenen Vogelarten in der Luft mit etwas Glück auch andere Meeresbewohner wie Delfine, Pinguine, Seehunde und Weiße Haie betrachtet werden. Das Team aus Wissenschaftlern und Naturliebhabern setzt sich seit vielen Jahren für den Schutz der Tiere und ihrer Lebensräume ein. Zu den in der Vergangenheit durchgeführten Aktionen gehören der Aufbau von Schutzeinrichtungen für Pinguine und Küstensäuberungen. Außerdem engagieren sich die Mitarbeiter bei Initiativen für Umweltbildung in der Gemeinschaft und unterstützen Frauen vor Ort. Die verschiedenen Touren können auch in Kombination mit einem Transport von Kapstadt oder Hermanus nach Gansbaai und zurück gebucht werden.

Gansbaai | 5 Geelbek Street | www.dyer-island-cruises.co.za | 600–950 Rand (je nach Tour)

Para-Taxi

Das lokale Unternehmen bietet Einheimischen und Touristen unvergessene Erlebnisse beim Gleitflug über die Stadt mit atemberaubenden Aussichten. Zu den Beschäftigten gehören nicht nur erfahrene Piloten, sondern auch sozial Benachteiligte, denen eine Chance auf Verbesserung ihrer Lebenssituation gegeben wurde. Das engagierte Team setzt sich seit Jahren für die Bewerbung des umweltfreundlichen Sports ein, für den keinerlei Motorisierung nötig ist und ausschließlich die Kraft des Windes genutzt wird. Auch körperbehinderten Menschen wird hier die Möglichkeit gegeben, den abenteuerlichen Sport auszuüben, mit Tandemflügen und Lehrgängen.

Para-Taxi bietet auch weniger umweltfreundliche Aktivitäten wie Helikopterrundflüge und Hai-Käfigtauchen an.

Kapstadt | Tel. 0 82/9 66 20 47 | www.para-taxi.com | 1300 Rand (Tandemsprung) | ♿

White Shark Projects B3

Einen Beitrag zum Schutz und der Erhaltung der bedrohten Weißen Haie zu leisten ist das Ziel des von drei afrikanischen Frauen gegründeten Projektes. Vor mehr als zwanzig Jahren als Forschungszentrum gestartet, gehören inzwischen ein Taucher- und Besucherzentrum sowie eine Bildungsabteilung zu den Einrichtungen der Organisation. Durch die Möglichkeit, die faszinierenden Tiere von einem sicheren Käfig aus zu beobachten, sollen Besucher mehr über das Verhalten der Meeresräuber erfahren und zu deren Schutz beitragen. Zum Engagement des Teams gehören neben den angebotenen Tauchgängen auch Bildungskurse für Kinder und die lokale Bevölkerung sowie die Durchführung von Forschungsprojekten. Touren können von Kapstadt oder Hermanus aus gebucht werden und starten in Kleinbaai.

Gansbaai | 16 Geelbek Street | www.whitesharkprojects.co.za | ab 1600 Rand

Auf diesen Anblick fiebern alle Teilnehmer einer Whale-Watching-Tour hin. Bei Dyer Island Cruises (▶ S. 32) entdeckt man aber auch andere Tiere wie Vögel, Delfine und Haie.

Im Fokus
Urban Farming und regionale Spezialitätenmärkte

*Urban Farming ist mehr als ein modischer Trend.
Die »vegolution« genannte »vegetable revolution« hat alle sozialen
Schichten erfasst. Gemüse wird an allen Orten und in Behältnissen
wie alten Badewannen angebaut. Kreativität ist gefragt.*

In den letzten Jahren ist in Kapstadt nicht nur ein starkes Bewusstsein dafür entstanden, welche Nahrungsmittel auf den Teller kommen, sondern auch, wo sie herkommen. Daraus hat sich eine Vielzahl von Urban-Farming-Projekten (städtische Landwirtschaftsprojekte) entwickelt, die weit mehr als eine gesunde Ernährung fördern. Weil die Beschaffung von Lebensmitteln alle etwas angeht, schaffen sie es, Menschen unterschiedlicher Herkunft zu vereinen und einen Beitrag zur Verbesserung der Lebenssituationen von sozial Benachteiligten zu leisten. Durch die Schaffung von wichtigen Arbeitsplätzen, vor allem in den Townships, tragen die Projekte inzwischen auch zur Armutsminderung und wirtschaftlichen Entwicklung der Stadt bei.
Neben vielen kleineren privaten Projekten gibt es auch einige staatliche Maßnahmen und Initiativen. Mehr als 1,5 Millionen Rand wurden 2014

◀ Urban Farming (▶ S. 34) ist ein sinnvoller
sozialer Trend in Kapstadt und Umgebung.

im Rahmen des Armutsminderungsprogramms für städtische Anbaugebiete ausgegeben – rund 100 Projekte wurden bis dato unterstützt.
Ein gutes Beispiel für die positive Wirkung von Urban Farming ist das wohltätige Projekt Abalimi Bezekhaya, das übersetzt so viel heißt wie »Bauern der Hoffnung«. Es unterstützt und ermutigt Bewohner der Township-Gemeinschaften dabei, ihr eigenes Gemüse anzubauen. Ziel ist es, sozial Schwächeren den Zugang zu gesundem Essen zu ermöglichen und eine zuverlässige Einkommensquelle zu schaffen. Viele der sogenannten Mikro-Farmer (kleine Gruppen von drei bis acht Bauern, von denen ein Großteil Frauen sind) bauen mittlerweile so viel Gemüse an, dass sie ihre Familien versorgen und auch noch etwas an die lokale Gemeinschaft abgeben können.

BAUERN UND ERNTE DER HOFFNUNG

Weil es lange Zeit jedoch keine Möglichkeit gab, das nach strengen ökologischen Richtlinien angebaute Gemüse außerhalb der Gemeinschaft zu verkaufen, wurde das Projekt Harvest of Hope (Ernte der Hoffnung) ins Leben gerufen. Dieses funktioniert ganz ähnlich wie das der uns bekannten Bio-Boxen. Die Erträge der Bauern werden wöchentlich verpackt und über verschiedene Stellen an Abonnenten abgegeben. Um die Beziehung zwischen Erzeugern und Konsumenten zu stärken und die Produktion transparent zu halten, haben Abonnenten jederzeit die Möglichkeit, die Bauern zu besuchen und mit ihnen gemeinsam Hand anzulegen. Das Projekt ist so erfolgreich, dass inzwischen mehr als 3000 Bauern daran beteiligt sind. Sämtliche Einkünfte der Organisation fließen in die Entwicklung und Unterstützung der Bauern (www.abalimi.org.za).

GÄRTNERN MITTEN IN DER STADT

Wer sein eigenes Obst und Gemüse anbauen möchte, kann dies auch inmitten der Kapstädter Innenstadt tun. Auf der Oranjezicht City Farm kann jeder ganz einfach das Gärtnern lernen. Besucher können täglich zwischen 8 und 16 Uhr vorbeischauen und mit anpacken. Sie werden von den dort tätigen Farmern eingearbeitet. Wer seine Kenntnisse vertiefen möchte, hat außerdem die Möglichkeit, Kurse zu verschiedenen Themen zu besuchen. Auf dem schönen Markt, der jeden Samstag zwischen 9 und 14 Uhr stattfindet, werden die Produkte der lokalen Bauern verkauft.

Auch hier kommt alles aus organischer Herstellung oder Anpflanzung. Neben Obst- und Gemüsesorten werden Eier, Milchprodukte, Honig und Müsli angeboten. Außerdem gibt es leckere Spezialitäten und Snacks zum Probieren. Wer hier etwas einkauft, tut nicht nur sich selbst mit frischen und gesunden Lebensmitteln etwas Gutes, sondern unterstützt die regionalen Bauern mit ihrem alternativen Lebensmittelsystem (Oranjezicht City Farm, www.ozcf.co.za).

Ein weiteres schönes Urban-Farming-Projekt ist der Sokwakhana Food Garden. Es begann 2013 mit der Unterstützung von 15 älteren Damen beim Aufbau eines Gemüsegartens. Bereits ein Jahr später konnten die angebauten Waren an die lokale Gemeinschaft verkauft werden. Die engagierten Damen liefern darüber hinaus gesundes Gemüse an die lokale Tuberkuloseklinik und HIV-Infizierte. Ein zweiter Garten ist bereits in Planung.

LOKALE HONIGPRODUKTION

Ein cleveres Projekt, das sich ebenfalls für lokale Lebensmittelproduktionen einsetzt und dabei auch noch die Wirtschaft stärkt, ist das im Rahmen des Design-Jahres 2014 (Kapstadt war zu diesem Zeitpunkt Welthauptstadt für Design) geschaffene Projekt zur Produktion von Honig. Südafrika hatte bis dahin rund 2000 t Honig pro Jahr importiert, obwohl ein großer Teil davon auch lokal hätte produziert werden können. Das sollte sich durch das neu ins Leben gerufene Projekt ändern. Es setzt sich für lokale Imker ein und ermutigt die Bewohner der Stadt, sich an der Bienenzucht zu versuchen. Professionelle Imker sollten sie dabei unterstützen und ihre Kenntnisse verbessern. Schätzungen eines 2010 gestarteten Pilotprojekts zeigten, dass mit der richtigen Handhabung und nur 10 Arbeitsstunden bereits mit fünf Bienenstöcken mehr als 100 kg Honig pro Jahr produziert werden können. Mit einem Einzelhandelsabsatzpreis von rund 80 Rand pro Kilo käme damit ein zusätzliches Einkommen von 8000 Rand pro Jahr zusammen, das vielen Einwohnern der Stadt eine wichtige finanzielle Unterstützung bieten könnte.

REGIONALE MÄRKTE IN DER KAP-REGION

Wer Lust hat, kulinarische Spezialitäten zu testen, traditionelle Handarbeiten einzukaufen oder sich von lokalen Eigenkreationen inspirieren zu lassen, kann dies auf einem der vielen Märkte in und um Kapstadt, die in regelmäßigen Abständen stattfinden, tun. Die Märkte am westlichen Kap sind bekannt für ein großartiges Angebot an exzellenten Weinen, Obst und Gemüse, frischen Blumen, selbst gemachten (Bio-)Produkte sowie kreativen Handarbeiten.

Der in der trendigen Old Biscuit Mill in Woodstock stattfindende Nachbarschaftsmarkt zieht jeden Samstag Scharen von Touristen und Einheimischen an. In der alten Industriehalle reihen sich Dutzende von Ständen aneinander, alle angebotenen Speisen und Getränke sind bio und lokal. Nirgendwo anders in der Stadt findet sich ein größeres und besseres Angebot an frischen Gerichten auf die Hand, darunter deftige Burger, reichlich belegte Sandwiches, raffinierte Salate, süße Kuchen und Cupcakes. Neben diversen Lebensmittelständen bieten kleine Manufakturen auch ihre liebevoll gestalteten handgemachten Waren an. Das Konzept des mehrmals ausgezeichneten Marktes wurde weltweit bereits von einigen Städten übernommen und adaptiert. Kommen Sie nicht zu spät auf den Markt, da es vor allem in der Hauptsaison ab 12 Uhr sehr voll wird (www.neighbourgoodsmarket.co.za/cape-town).

Der Tokai Forest Market ist ein im malerischen Wald von Tokai gelegener Outdoor-Markt. Hier dreht sich alles um regional angebaute Produkte. Eine Vielzahl an Ständen kleiner regionaler Produzenten bietet jeden Samstag eine große Auswahl an frischer Ware, darunter Bio-Gemüse, Honig, selbst gemachte Kuchen, Pestos, Chutneys und Pasta (Chrysalis Academy (Porter Estate), Orpen Road, Tokai, Sa 9–15 Uhr).

Der Franschhoek Village Market, ein regionaler Spezialitätenmarkt, findet samstags von 9–14 Uhr auf dem Gelände der NG Kerk unter Schatten spendenden Eichen statt. An kleinen Ständen werden lokale Köstlichkeiten, Bio- und Deli-Produkte sowie Handarbeiten und kleinere Kunstwerke angeboten. Der Markt ist ein idealer Ort, um das Landleben außerhalb der Stadt in entspannter Atmosphäre zu genießen und hochwertige Produkte einzukaufen. Franschhoek ist bekannt für ausgezeichnete Weine, hochwertige Öle und gutes Essen und damit ein Magnet für Gourmets aus aller Welt (29 Huguenot Street, Franschhoek).

Auch der Harvest Time Saturday Market in Harkerville auf der Garden Route öffnet samstags von 8–12 Uhr seine Tore. Hier bieten kleinere Händler ihre Spezialitäten an. Diese reichen von selbst gemachtem Ziegenkäse über hausgemachte Marmeladen und Chutneys bis zu Kuchen und süßen Törtchen. Alle Produkte stammen von den umliegenden Farmern und Händlern. Die Mitgründer des Marktes beschreiben ihn als einen »typischen englischen Landmarkt von vor 50 Jahren«, was gewissermaßen zutrifft. Der Markt ist ein lohnender Zwischenstopp entlang der Garden Route. Er liegt an der N 2 zwischen Plettenberg und Knysna.

EINKAUFEN

Kapstadts Zentrum lockt zum Stadtbummel mit einer großen Auswahl an Geschäften, in denen Antiquitäten, Kunstgegenstände und Klamotten, edler Wein und funkelnde Diamanten zu moderaten Preisen erworben werden können.

Aufgrund des für Europäer günstigen Währungskurses sind viele Waren in Südafrika preiswerter erhältlich als in Deutschland. Dennoch lohnt es sich, Preise und Qualitäten zu vergleichen. Besonders interessant sind die vielen kleinen Geschäfte und Marktstände der lokalen Anbieter.

LOKALE PRODUKTE SIND BESONDERS BELIEBT

Das Bewusstsein und eine starke Nachfrage nach heimisch produzierten Gütern ist in den letzten Jahren stark gewachsen. In den beliebten Straßen Kloof und Long Street sowie im Trendviertel Woodstock sind viele neue Läden von jungen Designern und Kreativen entstanden, die in Südafrika produzieren und einheimische Produkte verwenden. In Kapstadts derzeit angesagtester Straße, der Bree Street, haben sich neben trendigen **Boutiquen** auch Restaurants, Cafés und Kunstgalerien niedergelassen.

◄ Buntes Kunsthandwerk aus den Townships eignet sich gut als Mitbringsel.

Gute Einkaufsmöglichkeiten bieten auch ausgewählte **Märkte**, auf denen es neben einem breiten kulinarischen Angebot auch Schmuck, Accessoires und schöne Mitbringsel zu erwerben gibt. Zu den interessantesten gehören der Neighbourgoods Market in Woodstock (▶ S. 37), der Waterfront Art & Craft Market, V & A Market on the Wharf und die neue Einkaufshalle Watershed (▶ S. 80).

MÄRKTE UND SHOPPINGCENTER

Einen täglichen **Flohmarkt** gibt es auf dem Greenmarket Square. Shops von internationalen Marken bis hin zu edlen Juwelieren finden sich in geballter Menge in den **Shoppingcentern** in und außerhalb der Stadt. Zu den beliebtesten gehören die Victoria Wharf (▶ S. 79) an der Waterfront sowie die Canal Walk Mall (▶ S. 40) und Tyger Valley weiter außerhalb. Die Öffnungszeiten sind hier länger als in anderen Geschäften, die in der Regel bereits um 17 Uhr schließen. Auch sonntags sind die Shoppingcenter durchgängig geöffnet.

Auch wenn man bei der Auswahl der Geschäfte schnell in einen Kaufrausch verfallen kann, sollten die für die Rückreise geltenden Zollbestimmungen nicht vergessen werden. Zu beachten ist allerdings auch, dass bei der Ausreise beim VAT Refund Administrator am Flughafen ein Antrag auf Rückerstattung der auf die meisten Güter erhobenen Mehrwertsteuer in Höhe von 14 Prozent gestellt werden kann. Damit dieser genehmigt wird, müssen jedoch nicht nur alle Steuerbelege, sondern auch die Waren und Güter vorgezeigt werden.

BESONDERE EMPFEHLUNGEN
BÜCHER
Clarke's Bookshop   ▶ S. 63, b 2

Ein Muss für Leseratten ist der alteingesessene, charmante Buchladen in der Long Street. Hier stapeln sich alte und neue südafrikanische Literatur, neue und gebrauchte Werke. Kaum ein literarischer Band, der jemals über das Land geschrieben wurde, ist nicht vertreten. Der Laden ist auch eine Fundgrube für antiquarische Bücher. Eine besonders große Auswahl findet sich über die Spezialität der Buchhandlung: südafrikanische Kunst. Alte Holzböden, Wendeltreppen und überladene Bücherregale verleihen dem Traditionsgeschäft (gegründet 1956) ein besonderes Flair.

Kapstadt, Zentrum | 199 Long Street | www.clarkesbooks.co.za | Mo–Fr 9–17, Sa 9.30–13 Uhr

EINKAUFSZENTREN

Canal Walk Shopping Mall ▶ S. 89, b 2

Mit mehr als 400 Shops ist die in Century City gelegene Einkaufsstadt ein wahres Shoppingparadies. Hinter den antik anmutenden Mauern finden sich Geschäfte von international bekannten Marken und nationalen Designern. Neben den vielen Einkaufsmöglichkeiten gibt es auch einen großen Foodcourt mit mehreren Schnellrestaurants sowie ein Kino.

Century City | Century Boulevard | www.canalwalk.co.za | tgl. 9–21 Uhr

 Victoria & Alfred Waterfront
▶ S. 75, b/c 1/2

Eine große Ansammlung von kleinen Geschäften und modernen Shoppingmalls machen das Gebiet um die Waterfront zu einer attraktiven Einkaufsmeile. In der modernen Victoria Wharf reihen sich lokale Hersteller an internationale Marken. Rund um das Hafenbecken finden sich verschiedene Spezialitätenrestaurants, gemütliche Cafés, Bars und diverse Unterhaltungsmöglichkeiten. Die Live-Musik der Straßenmusiker sorgt für ausgelassene Stimmung am Wasser.

Kapstadt | Breakwater Boulevard | www.waterfront.co.za | tgl. 9–21 Uhr

MÄRKTE

Greenmarket Square Flohmarkt
▶ S. 63, b 2

Wer auf der Suche nach Souvenirs ist, sollte den lebhaften Flohmarkt auf dem zweitältesten Platz der Stadt nicht verpassen. Während Buschtrommeln lautstark ertönen und sich barfüßige Tänzer rhythmisch im Takt bewegen, wird um bunte Textilien und kunsthandwerkliche Produkte gefeilscht. Von geschnitzten Giraffen bis zu ausgefallenem Schmuck und handbemalten Stoffen verkaufen die Händler einfach alles, was zu Hause einen Hauch von Afrika hinterlässt.

Kapstadt, Zentrum | Ecke Longmarket/Shortmarket Street | Mo–Fr 9–16, Sa 9–15 Uhr

MODE

SAM South African Market ▶ S. 63, b 2

Das industriell anmutende Loft vereint Mode, Accessoires und Möbel von südafrikanischen Designern und wirkt wie ein Mix aus Modegeschäft und Galerie. Alles ist liebevoll arrangiert und nach unterschiedlichen Themen und Marken unterteilt. Neben Kleidungsstücken von lokalen Herstellern finden sich in dem von zwei Designerinnen gegründeten Geschäft auch Taschen, Sonnenbrillen, Schmuckstücke, Notizbücher und vieles mehr.

Kapstadt, Zentrum | 107 Bree Street | www.ilovesam.co.za | Mo–Fr 10–18, Sa 9–14 Uhr

SCHMUCK

Kirsten Goss & Missibaba ▶ S. 63, b 2/3

Dass ausgefallene Schmuckstücke kein Vermögen kosten müssen, beweist die südafrikanische Schmuckdesignerin Kirsten Goss mit ihrer trendigen Kollektion. Diese umfasst neben günstigeren Schmuckstücken aus Halbedelsteinen und 18-karätigem Gold auch edle Ringe, Armbänder und Ketten, die mit weißen, champagnerfarbenen oder schwarzen Diamanten besetzt sind. Die schicken, handgemachten Taschenkreationen des jungen Labels Missibaba werden im Woodstocker Atelier gefer-

tigt, das lokale Handwerkerinnen unterstützt und unter anderem Frauen aus der Township Kayamandi in Stellenbosch beschäftigt.
Kapstadt, Zentrum | 229 Bree Street | www.kirstengoss.com, www.missibaba.com | Mo–Fr 10–18, Sa 10–14 Uhr

Wola Nani ▶ S. 63, b 2
In den Boutiquen des Vereins gibt es schöne Andenken für zu Hause. Darunter sind beispielsweise perlenbesetzter Schmuck und handgemachte Schüsseln aus Pappmaché im afrikanischen Stil. Alle Produkte werden von HIV-infizierten Frauen hergestellt, der Erlös kommt Hilfsprojekten für Frauen und Kinder zugute.
Kapstadt, Cape Quarter | 72 Waterkant Street | Tel. 0 21/4 47 20 91 | www.wolanani.co.za

WOHNEN
LIM ▶ S. 63, a 3
Die Abkürzung des Einrichtungsladens steht für »Less is more« und spiegelt den Stil des Ladens wider. Im Geschäft von Pauline Mutlow finden sich schöne Objekte im modernen, afrikanisch inspirierten Design, darunter wunderschön geformte Holzschalen, rustikales Porzellan und ausgefallene Wohnaccessoires. Viele der modern wirkenden Produkte werden nach traditionellen afrikanischen Handwerkstechniken von den besten Kunsthandwerkern der Region gefertigt.
Kapstadt, Zentrum | 86 Kloof Street | www.lim.co.za | Mo–Fr 9–17, Sa 9–13 Uhr

Weitere Geschäfte und Märkte finden Sie im Kapitel KAPSTADT ERKUNDEN.

Am Greenmarket Square (▶ S. 40) in Kapstadt findet jeweils am Wochenende ein großer Flohmarkt statt, auf dem man allerlei afrikanische Souvenirs entdecken kann.

SPORT UND STRÄNDE

Südafrika gilt als das Land der Sportbegeisterten. Surfer aus der ganzen Welt zieht es wegen der perfekten Wetter- und Windverhältnisse in die Kap-Region, aber auch Wanderer, Golfer oder Taucher kommen hier auf ihre Kosten.

Neben **Fußball** (die FIFA-Weltmeisterschaft wurde 2010 erstmals auf afrikanischem Boden in Südafrika ausgetragen) begeistern vor allem Cricket und Rugby die Nation. Diese Sportarten sind zwei der wenigen positiven Überbleibsel aus der Kolonialzeit und fast täglich live oder im Fernsehen zu bestaunen. Im **Rugby** stellt Südafrika eine der besten Mannschaften der Welt, die in ganz Südafrika beliebt ist. **Cricket** ist der etwas elitäre Sport der weißen Gesellschaft, Fußball dagegen vor allem in den Townships bei der schwarzen Bevölkerung beliebt.

Die regelmäßig stattfindenden nationalen und internationalen Sportereignisse beeinflussen den sportbegeisterten und körperbewussten Lebensstil der Südafrikaner. Zudem bietet die fantastische Natur unendlich viele Möglichkeiten. In den umliegenden Bergen gibt es diverse Möglichkeiten zum Wandern, Klettern, Radfahren und Mountainbiken. Golf-

Sport und Strände | 43

◀ Kitesurfen (▶ S. 46) am Blouberg Strand
mit grandiosem Blick auf den Tafelberg.

Profis und Amateure kommen auf den vielen Golfplätzen auf ihre Kosten. Die besonderen Wind- und Wetterverhältnisse am Kap bieten ideale Bedingungen für Kite- und Windsurfer sowie Wellenreiter. Das Angebot an sportlichen Aktivitäten rund um Kapstadt ist immens und bietet etwas für jeden Geschmack und alle Befähigungen.

Die vielen wunderschönen Strände ziehen sich entlang der Atlantikküste und am Indischen Ozean. Das einzige Manko ist, dass der Atlantik mit seinen niedrigen Temperaturen nur für kurze Abkühlungen oder Hartgesottene geeignet ist. Der Indische Ozean bietet dagegen perfekte Badebedingungen. Seine schönen Strände sind nicht weit von Kapstadt entfernt und reihen sich entlang der Garden Route.

ANGELN

Two Oceans Sport Fishing ▶ S. 89, a 3
In Hout Bay, dem sehr zentral zu den besten Spots für Hochseeangeln gelegenen Ort, kann man über das ganze Jahr Touren buchen, um sich unter anderem mit dem Yellowfin oder Longfin Tuna zu messen. Two Ocean Sport Fishing bietet seit vielen Jahren Sportfishing-Trips um Kapstadt an und zählt aufgrund einiger aufgestellter Rekorde zu einer der Top-Adressen weltweit. Nach der Rückkehr kann man seinen Fisch bei einem gemeinsamen traditionellen Braai zubereiten und verspeisen.
Kapstadt, Hout Bay | Harbour Road | Tel. 0 21/7 94 90 50 | www.tosf.co.za

CANOPY

Cape Canopy Tour ⚑ B3
Rund 50 km südöstlich von Kapstadt, im Hottentots Holland Nature Reserve, können sich Besucher auf einer geführten Tour in kleinen Gruppen an Drahtseilen über die Riviersonderend-Schlucht und die steilen Berghänge schwingen. Das Naturreservat ist erst seit Kurzem zugänglich und gehört zum Weltkulturerbe. Während des 320 m langen Gleitflugs lassen sich Wasserfälle und die spektakuläre Landschaft bestaunen, bei der auch Natur- und Pflanzenfans auf ihre Kosten kommen, denn das Naturreservat gehört zum kleinsten und artenreichsten Pflanzenreich der Welt, dem Cape Floristic Kingdom. In der gut vierstündigen Tour ist auch ein Picknick mit toller Aussicht beinhaltet.
Hottentots Holland Nature Reserve, R321, Elgin | Tel. 0 21/3 00 05 01 | www.capecanopytour.co.za | 8–14 Uhr | 595 Rand

GOLF

Bedingt durch den britischen Einfluss der Kolonialzeit, die perfekten Wetterbedingungen sowie die besondere Landschaft ist die Kap-Provinz ein idealer Ort fürs Golfen. Gerade die Plätze in Royal Cape und Milnerton (10 Autominuten im Norden der Stadt) eignen sich dazu, die schöne Aussicht auf den Tafelberg mit dem Sport zu kombinieren. Sie gehören zu den besten Golfplätzen des Landes. Ein Dutzend Anlagen rund um Kapstadt lädt besonders in den Monaten von Oktober bis April Profis und Amateurgolfer aus der ganzen Welt ein.

Milnerton Golf Club ▶ S. 89, b 1
Gastspieler sollten telefonisch reservieren. 18 Loch, 5788 m.
Milnerton | Bridge Road | Tel. 0 21/5 52 10 47 | www.milnertongolf.co.za | ca. 400 Rand Greenfee

Royal Cape Golf Club
▶ Klappe hinten, südl. d 6
Reservierung ist erwünscht. Platz mit 18 Loch, 5787 m.
Wynberg | 174 Ottery Road | Tel. 0 21/7 61 65 51 | www.royalcapegolf.co.za | tgl. geöffnet | ca. 650 Rand Greenfee

PARAGLIDING

Das Paragliding bietet erfahrenen und unerfahrenen Paraglidern (im Tandem-Flug) unglaubliche Ausblicke auf die Stadt, die Berge, den Atlantik und das ganze Umland. Durch die ausschließliche Nutzung des Windes ist diese Art, Kapstadt aus der Luft zu entdecken, sehr umweltfreundlich. Para-Taxi bietet Flüge sowie Lehrgänge an, die von ausgebildeten Trainern begleitet werden. Die beliebteste Flugroute startet am Lion's Head, der atemberaubende Sichten auf die Küste, Camps Bay und auf das Tafelbergmassiv bietet.
Para-Taxi | Tel. 0 82/9 66 20 47 | www.para-taxi.com | tgl. auf Anfrage | ab 1300 Rand

RADFAHREN/MOUNTAINBIKEN

Die Kap-Region bietet viele schöne Fahrradstrecken. Ein besonderes Erlebnis ist die Moonlight Mass (www.moonlightmass.co.za), eine bei Vollmond stattfindende Fahrradtour durch Kapstadt, an der inzwischen Hunderte Radfahrer teilnehmen. In einigen Cafés entlang der Route gibt es für die Teilnehmer der Tour spezielle Ermäßigungen oder sogar Freigetränke.

Wer genügend Ausdauer hat, kann die traumhaften Küstenstraßen und majestätischen Berge der Region mit dem Mountainbike erkunden. Neben kraftraubenden Steigungen gibt es rund um Kapstadt wunderschöne Ausblicke auf den Tafelberg, die Twelve Apostles oder die Strände und Küstenabschnitte. Aber auch die Wälder um Tokai (30 Autominuten von Kapstadt entfernt) bieten viele Möglichkeiten. Von Downhill für Profis bis hin zu Anfängerstrecken bieten das Areal alles, was das Bikerherz begehrt. Es gibt klare Regeln, Streckenführungen und Empfehlungen, die dabei helfen sich zurechtzufinden. Durch die verschiedenen Schwierigkeitsgrade sind die Strecken ein Erlebnis für jedermann.

Tokai Mountainbike ▶ S. 89, b 3
Tokai | Tokai Arboretum, End of Tokai Road | www.tokaimtb.co.za | tgl. von Sonnenaufgang bis -untergang | 60 Rand für Tagespass

REITEN
Imhoff Farm Horse Riding A 3
Die nahe Kommetjie gelegene Reitfarm bietet Reitstunden für erfahrene und unerfahrene Kinder und Erwachsene auf 20 ha Land. Ein Highlight ist si-

cherlich der Ausritt am schönen, 8 km langen Noordhoek Strand. Der endlos wirkende Strand ist direkt über das Grundstück und die Wetlands zu erreichen, sodass keine Straßen überquert werden müssen. Leider ist es nicht erlaubt, am Strand zu galoppieren, der Ausritt ist aber auch bei langsamerem Tempo ein unvergessliches Erlebnis für alle Reiter.

M65 Richtung Kommetjie | Tel. 0 21/ 7 83 45 45 | www.horseriding.co.za | tgl. von Sonnenaufgang bis -untergang

SEGELN

Kapstadt ist, was die Wind- und Wellenbedingungen angeht, zwar ideal für das Segeln geeignet, es sollte jedoch im Alleingang nur von erfahrenen Seglern ausgeübt werden, da die Strömungen und Felsen rund um das Kap schon seit ersten Aufzeichnungen über die Region viele Schiffe zum Kentern gebracht haben. Weiterhin kann es zu unerwarteten Wetterumschwüngen kommen. Jährlich treffen sich in und um die Stadt Weltumsegler, Jachtliebhaber und Profis und legen unter anderem im schicken Royal Cape Yacht Club an der Victoria & Alfred Waterfront an. Im Hafen der Stadt können Boote aller Größen mit oder ohne Skipper angemietet werden. In Orten außerhalb Kapstadts gibt es teilweise günstigere Möglichkeiten für Liegeplätze und Jachtcharter.

Cape Royal Yacht Club ▶ S. 75, c 2
Kapstadt | Duncan Road, Table Bay Harbor | Tel. 0 21/4 21 13 54 | www.rcyc.co.za | Mo–Fr 8–17, Sa–So 10–14 Uhr | Preis auf Anfrage

Die Gewässer um Kapstadt bieten dem erfahrenen Segler gute Windverhältnisse. Wer nicht selbst segeln kann, kann aus dem großen Angebot von Jachten mit Crew auswählen.

An der Victoria & Alfred Waterfront (▶ MERIAN TopTen, S. 40) werden Neulinge in den Trendsport Stand-up Paddling (▶ S. 46) eingeführt. Fortgeschrittene zieht es aufs offene Meer.

Waterfront Boat Company ▶ S. 75, b 1
Kapstadt | Shop 5, Quay 5, Victoria & Alfred Waterfront | Tel. 0 21/4 18 58 06 | www.waterfrontboats.co.za | tgl. von Sonnenaufgang bis -untergang | Törns ab 300 Rand

STAND-UP PADDLING
SUP Cape Town ▶ S. 75, b 1
Die Basis von SUP Cape Town im Victoria & Alfred Hafen bietet Einsteigerkurse, Equipment und Profitouren für Stand-up-Paddler. Trainingsstunden werden im von Wellen freien Bereich des Waterfront Kanals angeboten, erfahrene Paddler leihen sich das Equipment für einen oder mehrere Tage und gleiten über die Wellen des Atlantiks. In den Sommermonaten ist SUP Cape Town auch am Clifton Beach, rund zehn Autominuten von Kapstadt entfernt, anzutreffen.
Kapstadt | Nähe Kreisel Dock Road, Waterfront | Tel. 0 82/7 89 04 11 | www.supcapetown.co.za | tgl. auf Anfrage | ab 30 Minuten für 150 Rand

SURFEN/KITESURFEN
Kapstadt weist durch seine Wetter- und Windverhältnisse perfekte Bedingun-

gen für alle Arten des Surfens auf. Profis und Amateure können aus unzähligen Stränden und Surfarten auswählen. Empfohlen ist definitiv das Tragen von Neoprenanzügen, die vor der Kälte des Atlantiks schützen. Die Einheimischen sind vor allem in den Morgen- und Abendstunden an den Stränden zu finden. Bedingt durch das Tafelbergmassiv unterscheiden sich die Verhältnisse von Ort zu Ort, sodass man an verschiedenen Lokalitäten täglich unterschiedliche Wellenhöhen beobachten kann. Equipment und Trainingsstunden gibt es unter anderem in den jeweiligen Orten oder direkt in Kapstadt.

6 Bloubergstrand ▶ S. 89, b 1

Blouberg Strand liegt rund 30 Autominuten nördlich von Kapstadt entlang der Westküste mit dem berühmten Blick auf den Tafelblick, der so einige Postkarten ziert. An dem endlos langen Strand tummeln sich vor allem Kitesurfer aus aller Welt.

Long Beach, Kommetjie A 3

An der Westküste auf dem Weg zum Kap der Guten Hoffnung liegt das kleine Örtchen Kommetjie, das mit seinen schönen Stränden viele Surfer anlockt. Der Long Beach hat seinen Namen durch seinen 8 km langen Strandabschnitt bekommen. Verschiedene Strömungen, unendlich viel Platz und die perfekte Welle laden auch fortgeschrittene Wellenreiter ein.

Main Beach, Langebaan A 2

Langebaan liegt rund 60 Autominuten nördlich von Kapstadt entfernt an der Westküste. Die kleine, sympathische Küstenstadt ist ein beliebter Treffpunkt für Kitesurfer, da sich die Strände und die Wetterverhältnisse für die trendige Sportart sehr gut eignen. Speziell Anfängern werden hier perfekte Möglichkeiten geboten. Neben einigen Surferhostels gibt es kleine Surferbars und einige Shops, die Equipment verleihen und verkaufen. Für Anfänger werden Kurse angeboten (ab 600 Rand).
Cape Sports Centre | 98 Main Street | Tel. 0 22/7 72 11 14 | www.capesport.co.za

Muizenberg Beach A 3

Eine halbe Stunde von Kapstadt entfernt befindet sich der am Indischen Ozean gelegene Muizenberg Beach. Vor allem für Anfänger bietet der Strand ideale Bedingungen zum Wellenreiten, Kite- und Windsurfen. Da Muizenberg und andere Orte an der False Bay jedoch auch beliebt bei Weißen Haien sind, sollten die Warnfahnen unbedingt beachtet werden. Eine weiße Flagge mit schwarzer Hai-Silhouette bedeutet »Hai in Sicht, sofort raus aus dem Wasser«.

Wet Dream Surfing ▶ S. 63, b 3

Shop, Boardverleih (Surfbrett pro Tag 150 Rand), Unterricht.
Kapstadt | Rip Curl Shop, 229 Long Street | Tel. 0 82/7 33 23 17 | www.wetdreamsurfing.co.za | Mo–Sa 9–18 Uhr

TAUCHEN

Bedingt durch das Aufeinandertreffen des Atlantischen und Indischen Ozeans mit ihren unterschiedlichen Wassertemperaturen verfügt die Kap-Region über eine faszinierende Unterwasserwelt. Zahlreiche Schiffwracks sind um das Kap herum zu finden und bieten perfekte Bedingungen für erfahrene

KAPSTADT, WINELANDS, GARDEN ROUTE ERLEBEN

Taucher. Bei Kapstadt wird vor allem das Gebiet um den Cape Hangklip (hängender Felsen) empfohlen. Ein gültiger Tauchschein wird definitiv benötigt, Anfänger können sich für einen Lehrgang anmelden. Eine sehr beliebte Option bei vielen Touristen ist auch das Hai-Tauchen im Käfig.

Dive School Cape Town
▶ Klappe hinten, a 4

Tauchgänge, Kurse und Verleih.
Kapstadt, Sea Point | 88 Main Road | Tel. 0 21/4 34 33 58 | www.diveschool capetown.co.za | Okt.–April tgl. 9–18 Uhr | ab 275 Rand pro Tauchgang ohne Equipment

WANDERN

Das Bergmassiv rund um Kapstadt mit dem Tafelberg, den Twelve Apostles, dem Lion's Head und dem Signal Hill eignet sich für unzählige Wandertouren. Verschiedene Schwierigkeitsgrade sind passend für Familien oder Sportbegeisterte und Kletterprofis. Es wird geraten, in kleineren Gruppen und bei Tageslicht zu wandern.

Table Mountain

Verschiedene Routen, geführte Touren und weitere Informationen findet man auf der deutschen Website des Wanderführers Hike Table Mountain. Geführte Tagestouren ab 750 Rand.
Tel. 0 21/4 61 15 96 | www.hiketable mountain.co.za

STRÄNDE

Um Kapstadt und entlang der Garden Route gibt es zahlreiche wunderschöne Strandabschnitte. Bedingt durch die kalten Strömungen im Atlantik hat speziell die Westküste sehr kalte Wassertemperaturen. Entlang der Garden Route und an der Ostküste des Kaps ist das Wasser wegen der Strömungen im Indischen Ozean wärmer. Unbedingt sollten Warnungen zu Wellen, Strömungen oder Haien beachtet werden. »Oben ohne« ist offiziell verboten.

Sundowner im Twelve Apostles Hotel

Nach der Wanderung der Genuss: Beim Sundowner glitzert das Meer in der Abendsonne, und die Bergkette wird in ein dramatisches Licht getaucht (▶ S. 12).

Boulders Beach, Simon's Town
🌀 A3

Die historische Stadt Simon's Town ist vor allem für die dort angesiedelte Pinguin-Kolonie berühmt (▶ S. 103). Zwischen den beeindruckenden Felsenformationen lässt es sich auch wunderbar baden.

Brenton-on-Sea Beach
🌀 E3

Entlang der Garden Route bei Knysna gelegen, ist der Strand ein Geheimtipp für Sonnenbaden und Schwimmen, während der Saison auch für Delfin- und Walbeobachtungen. Wegen gefährlicher Strömungen und oftmals hohen Wellen ist beim Baden jedoch Vorsicht geboten.

Camps Bay Beach
▶ S. 89, a 2

Camps Bay gehört aufgrund seiner traumhaften Lage und auch wegen seiner lebhaften Strandpromenade zu den beliebtesten Stränden der Kap-Region.

Sport und Strände | 49

Die kühle Wassertemperatur und die oft hohen Wellen sorgen jedoch dafür, dass nur wenige besonders Hartgesottene im Meer baden.

Fishhoek Beach 🚻   A3
Zwischen Simon's Town und Muizenberg liegt der kleine Ort Fishhoek. Am Indischen Ozean gelegen, ist er wegen seiner wärmeren Wassertemperaturen und oft nur geringem Wellengang auch ideal für Familien.

Hout Bay Beach   ▶ S. 89, a3
Der feine Sandstrand ist von Dünen umgeben und bietet einen schönen Blick auf den Hafen und die Berge.

Sandy Beach, Camps Bay   ▶ S. 89, a3
Der Strandabschnitt Sandy Beach liegt kurz hinter Camps Bay, in Llundadno. Sandy Beach gilt als der inoffizielle FKK-Strand Kapstadts.

Sunset Beach, Muizenberg   A3
Besonders einladend ist hier das von Strömen im Indischen Ozean aufgewärmte Wasser. Einziger Nachteil: Die Bucht hat eine der größten Haidichten der Welt.

Wilderness Beach   E3
Wilderness an der Garden Route ist bekannt für seinen 8 km langen Sandstrand, der durch seine Länge oft wie ausgestorben wirkt. Der Strand ist von Dünen umgeben, hinter denen sich mehrere Lagunen befinden.

Weitere empfehlenswerte Adressen finden Sie im Kapitel KAPSTADT ERKUNDEN.

Um Kapstadt herum gibt es viele Wandermöglichkeiten. Eine sehr schöne Wanderung ist der Weg vom Lion's Head nach Camps Bay (▶ S. 92) mit Blick auf die Twelve Apostles.

FESTE FEIERN

Feiern passt zum entspannten Lebensstil am Kap. Das ganze Jahr über gibt es Feste in der Region – von kulinarischen Veranstaltungen über historische Feierlichkeiten bis zu Filmfestivals und Sportevents. Ihr Besuch ist immer ein Erlebnis.

Die abwechslungsreichen Festlichkeiten der Kap-Region spiegeln die Vielfalt der hier lebenden Kulturen und ihre Geschichte wider. Auf historischen Festen wie dem **Franschhoek Bastille Festival** fühlen sich Besucher wie in vergangene Zeiten zurückversetzt. Die Feste der Weinhochburgen Stellenbosch und Robertson versammeln Liebhaber von gutem Essen und Wein, die sich hier zum gemeinsamen Schlemmen versammeln. Wer selbst Hand anlegen möchte, sollte das **Hands-on Harvest Festival** in Robertson besuchen. Sportliche Herausforderungen bieten die vielen Wettbewerbe, die das ganze Jahr über vor traumhaften Kulissen stattfinden, darunter die **Cape Town Cycle Tour** und der **Two Oceans Marathon** rund um die Kap-Halbinsel. Für kulturelle Abwechslung sorgen stimmungsvolle Veranstaltungen wie das **Jazz Musikfestival** und das internationale Dokumentarfestival. Auch modisch Interessierte kommen

◀ Beim Minstrel Carnival (▶ S. 51) singen und tanzen die Narren in Kapstadt.

in der Mother City auf ihre Kosten: Im Juli können auf der Cape Town International Fashion Week die neuesten Kreationen der Designer begutachtet werden, im Februar beim traditionellen Pferderennen extravagante Roben und Hüte zur Schau gestellt werden. So unterschiedlich die Veranstaltungen auch sind, ihr Besuch ist immer ein Erlebnis, das Sie nicht verpassen sollten.

FAST WIE IN RIO

Ein ganz besonderes Ereignis, an dem das Kapstädter Zentrum in eine bunte Feiermeile verwandelt wird, ist der **Cape Minstrel Carnival**, auch Coon Carnival genannt. Dutzende Karnevalsvereine aus unterschiedlichen Vierteln der »Coloureds« ziehen am zweiten Tag jeden neuen Jahres mit Trompeten, Trillerpfeifen und Regenschirmen lautstark singend durch die Innenstadt. Jeder Verein trägt Kostüme in einer eigenen Farbe, der bunte Umzug ist Regenbogenkultur pur. Die Stimmung der Narren ist so ausgelassen, dass jeder noch so stille Beobachter sich dem Frohsinn nicht entziehen kann. Seinen Ursprung hat der Karneval in den Volksumzügen nach der Abschaffung der Sklaverei am 1. Januar 1834. Seitdem wird am 2. Januar jeden Jahres gefeiert. Weitere drei Wochen ziehen die farbigen Narren dann in vereinzelten Gruppen durch die Kap-Region.

JANUAR

Cape Town Minstrel Carnival
Das Kapstädter Pendant zum Karneval in Rio wird durch einen bunten Umzug der Musikgruppen gefeiert. Die besten Minstrelgruppen werden preisgekrönt.
2. Januar
www.capetown-minstrels.co.za

The J & B Met, Kapstadt
Ein Hauch von Ascot weht während des jährlich stattfindenden Pferderennens durch die Mother City. Beim traditionellen Sportevent auf dem Kenilworth Racecourse geht es weniger um sportliche Leistungen (es findet ein Steherrennen statt) als vielmehr um ein modisches Spektakel, bei dem extravagante Kleidung und ausgefallene Hüte zur Schau gestellt werden.
Ende Januar
www.jbscotch.co.za

Stellenbosch Wine Festival
Besucher des Weinfestivals haben die Möglichkeit, während einer Erkundungstour durch die Stadt erlesene Weine und exzellente Speisen zu testen. Das älteste Fest dieser Art findet drei Tage lang statt.
Ende Januar bis Anfang Februar
www.stellenboschwinefestival.co.za

FEBRUAR/MÄRZ

Hands-on Harvest Festival, Robertson

Das Fest im Robertson Wine Valley bietet Weinliebhabern die Möglichkeit, einen Tag lang Erfahrungen bei der Ernte zu sammeln. Mittlerweile findet es mehrere Wochen lang statt.
Ende Februar/Anfang März
www.handsonharvest.com

MÄRZ

Cape Town Cycle Tour

Mit knapp 40 000 Teilnehmern gehört das Radrennen zu den größten Sportveranstaltungen der Stadt. Die wunderschöne, 105 km lange Strecke führt rund um die Kap-Halbinsel.
Anfang März
www.cycletour.co.za

Cape Town Pride Festival

Beim Fest zu Ehren von Kapstadts kultureller Vielfalt werden unterschiedliche Kulturgruppen zusammengebracht. Es findet jedes Jahr um den Tag der Menschenrechte herum in den Company's Gardens statt. Neben kulinarischen Spezialitäten gibt es Konzerte, Theater- und Tanzvorstellungen.
Um den 21. März

MÄRZ/APRIL

Cape Town International Jazz Festival

Seit mehr als 15 Jahren treffen sich hier internationale und lokale Jazzmusiker und stellen ihr Können bei Live-Konzerten unter Beweis. Das Musikfestival findet jedes Jahr am letzten Wochenende im März oder am ersten Wochenende im April statt.
www.capetownjazzfest.com

Two Oceans Marathon, Kap-Halbinsel

Der beliebte Marathon verläuft 56 km entlang der schönen Strecke rund um die Kap-Halbinsel. Die Teilnehmer werden dabei frenetisch von den begeisterten Zuschauern bejubelt.
Ende März/Anfang April
www.twooceansmarathon.org.za

APRIL

Dunhill Symphony on Fire, Kapstadt

Vier Nächte lang werden an der Victoria & Alfred Waterfront Feuerwerke mit musikalischer Untermalung als Teil eines internationalen Wettbewerbs zum Besten gegeben.
www.waterfront.co.za

MAI

Cape Gourmet Food Festival, Kapstadt

Ein Muss für Feinschmecker ist der Besuch beim alljährlichen Gourmetfestival. Zwei Wochen lang tischen Spitzenköche feinste Kreationen auf.
2 Wochen Mitte Mai

JUNI

Wacky Wine Weekend, Robertson

Das Fest in Robertson ist das größte regionale Weinfestival Südafrikas.
Anfang Juni
www.wackywineweekend.com

JULI

Knysna Oyster Festival, Kapstadt

Hier steht die Spezialität der Küstenstadt im Fokus: fangfrische Austern, die es bis zum Abwinken gibt. Neben Kochwettbewerben und Wettessen gibt es auch diverse Sportveranstaltungen.

Anfang bis Mitte Juli
www.oysterfestival.co.za

Franschhoek Bastille Festival

Das historische Fest in der Gourmethauptstadt Südafrikas feiert das Erbe der Hugenotten. Dabei werden die besten Weine und Speisen der Region aufgetischt. Das Festival findet jährlich an dem Sonntag statt, der dem französischen Nationalfeiertag 14. Juli am nächsten ist.
17. Juli 2016
www.franschhoekbastille.co.za

Cape Town International Fashion Week

Während der von Stardesigner Gavin Rajah ins Leben gerufenen Kapstädter Modewoche werden die besten Kreationen des Landes vorgeführt.

Ende Juli
www.afi.za.com

SEPTEMBER
Hermanus Whale Festival

10-tägiges Programm des Küstenorts Hermanus, das die Rückkehr der Southern Right Whales in die südafrikanischen Gewässer feiert.
2.–4. Oktober 2015
www.whalefestival.co.za

NOVEMBER
The Big Walk, Kap-Halbinsel

Wer sich sportlich betätigen und dabei einen guten Zweck unterstützen möchte, sollte sich zu einem der 5 bis 80 km langen Streckenläufe unterschiedlicher Schwierigkeitsgrade anmelden.
8. November 2015
www.bigwalk.co.za

Der Two Oceans Marathon (▶ S. 52) ist ein Highlight für Marathonläufer aus aller Welt. Mehr als 15 000 Teilnehmer laufen die Strecke zwischen Atlantischem und Indischem Ozean.

MIT ALLEN SINNEN
spüren & erleben

Reisen – das bedeutet aufregende Gerüche und neue Geschmacks-erlebnisse, intensive Farben, unbekannte Klänge und unerwartete Einsichten; denn unterwegs ist Ihr Geist auf besondere Art und Weise geschärft. Also, lassen Sie sich mit unseren Empfehlungen auf das Leben vor Ort ein, fordern Sie Ihre Sinne heraus und erleben Sie Inspiration. Es wird Ihnen unter die Haut gehen!

◀ Luxuriös und nostalgisch ist eine Fahrt mit dem gemütlichen Rovos Rail (▶ S. 55).

ESSEN UND TRINKEN
Afternoon Tea im Traditionshaus ▶ S. 63, a 3

Das Mount Nelson ist viel mehr als ein Hotel. Die »Pink Lady«, wie sie von Einheimischen genannt wird, gehört zu den geschichtsträchtigsten Häusern der Stadt und strahlt einen unvergleichlichen Charme aus. Die Übernachtungspreise des Nobelhotels sind bedauernswerterweise jedoch so hoch, dass sie das Budget der meisten Reisenden sprengen. Eine wesentlich preiswertere Alternative ist ein Besuch des Hauses zum Afternoon Tea. Ganz traditionell wird er im stilvollen Saal oder auf der Terrasse mit Blick auf den schönen Garten serviert. Die Auswahl der

erlesenen Tees und Kaffeesorten ist riesig, auf dem Kuchenbuffet finden sich neben englischen Klassikern wie frisch gebackenen Scones und Sandwiches auch feinste Torten, Pralinen und südafrikanische Köstlichkeiten. Der Service ist exzellent.

Kapstadt, Zentrum | Belmond Mount Nelson Hotel | www.belmond.com/mount-nelson-hotel-cape-town | tgl. 13.30–17.30 Uhr | 265 Rand

KULTUR UND UNTERHALTUNG
Sommerkonzert mit Picknick im Botanischen Garten ▶ S. 89, b 3

Ein Picknick mit traumhafter Kulisse und musikalischer Begleitung können Sie im Sommer in den Botanischen Gärten von Kirstenbosch genießen. Der weitläufige Park gehört zu den schönsten der Welt und ist auch ein beliebtes Ziel der Einheimischen. Machen Sie es wie sie: Breiten Sie Ihre Decke aus, genießen Ihr Picknick und lauschen beim Sonnenuntergang den Klängen der Musik. Die beliebten Konzerte sind ein außergewöhnliches Open-Air-Konzert-Erlebnis, das Sie nicht verpassen sollten. Ticketreservierungen sollten bereits einige Tage im Voraus vorgenommen werden.

Kirstenbosch Summer Sunset Concerts | Kirstenbosch Gardens | www.sanbi.org/gardens/kirstenbosch/summer-concerts | Nov.–Mai jeden So 17.30 oder 19 Uhr | ab 100 Rand | ♿

AKTIVITÄTEN
Bahnfahren wie in längst vergangenen Zeiten

Eine Fahrt mit dem Rovos Rail ist eine Reise wie in längst vergangenen Zeiten. Langsam rollt der Luxuszug durch sanfte Landschaften, von Kapstadt nach Pretoria braucht er zwei Tage – das Flugzeug ist in nur zwei Stunden da. Wer nostalgischen Schick mag und Zeit hat, sollte sich dennoch das Abenteuer auf Schienen gönnen. Denn hier geht es nicht um schnelles Reisen, sondern um ein Erlebnis der langsamen und besonderen Art. Der Zug ist ein fahrendes Museum, Fernseher und Radios sucht man vergebens, weil nichts von der Landschaft ablenken soll. In den stilvollen Speisesälen servieren Kellner im Frack feinste Speisen wie in einem Gourmetrestaurant.

Rovos Rail | www.rovos.com | €€€€

Kulinarische Erkundungstour durch Kapstadts buntestes Viertel
▶ S. 63, b 2

Um Kapstadts kulturelle und kulinarische Vielfalt mit allen Sinnen zu erfas-

sen, sollten Sie im kapmalaiischen Viertel Bo-Kaap auf Entdeckungsreise gehen. Die Teilnahme an einem Kochkurs bietet eine tolle Gelegenheit, den hier lebenden Menschen zu begegnen und ihre exotische Küche kennenzulernen. Während der von Einheimischen geführten vierstündigen Tour tauchen Sie ein in die Geschichte und kulturelle Bedeutung des Viertels, schnuppern den Duft von Curry und anderen exotischen Gewürzen, der durch die engen Gassen weht.

Außerdem erfahren Sie von einer lokalen Köchin, was die kapmalaiische Küche so besonders macht, und bereiten nach ihrer Anleitung ein wunderbar duftendes und wohlschmeckendes Menü zu.

Kapstadt, Bo-Kaap | Cape Malay Cooking Safari | www.andulela.com | mehrmals in der Woche | ab 795 Rand

Sunset-Segeltörn vor der Tafelbucht
▶ Klappe hinten, a 2

Bei Sonnenuntergang auf dem Wasser schippern und dabei die Tafelbucht in dramatischem Licht bei Sonnenuntergang betrachten – schöner könnte der Tag kaum enden. Gehen Sie an der Victoria & Alfred Waterfront an Bord eines Segelschiffes und lassen Sie den Tag während einer eineinhalbstündigen Bootstour bei einem Glas Sekt in entspannter Atmosphäre ausklingen. Die genaue Route des Segelschiffs ist abhängig von den Windbedingungen zum Zeitpunkt des Ausflugs. Eine typische Route führt zum Milnerton Leuchtturm, danach ankert das Boot in der Granger Bay, von wo aus sich der Sonnenuntergang im Windschatten des Tafelbergs ideal beobachten lässt.

Kapstadt | Waterfront Charters, Victoria & Alfred Waterfront | www.waterfrontcharters.co.za | tgl. Abfahrt 17.30–19 Uhr (je nach Jahreszeit) | 280 Rand

Vogelperspektive auf das Kap

Einen wahren Höhenflug erleben Sie an Bord eines Helikopters, der die einzigartige Natur und Vielfalt der Kap-Halbinsel aus der Vogelperspektive zeigt. Los geht es an der Victoria & Alfred Waterfront mit Blick auf ihre modernen und historischen Gebäude, den majestätischen Tafelberg und die Gefängnisinsel Robben Island. Entlang der Küste führt die Route über die malerischen Vororte mit ihren schönen

Stränden bis zum Hafen von Hout Bay. Vorbei am spektakulären Chapman's Peak Drive und dem weißen Noordhoek Strand, bildet schließlich das Kap der Guten Hoffnung mit seiner unbändigen Naturgewalt den Abschluss der Reise. Zurück geht es über die False Bay, Simon's Town und Constantia. Auch wenn die Tour mit dem Auto schon atemberaubend schön ist, die weitläufigen Sichten aus der Luft sind unvergleichlich und zeigen die Kap-Halbinsel in ihrer ganzen Schönheit.

NAC Helicopters hat mehrere Touren unterschiedlicher Länge und Dauer im Angebot, sie reichen von einem kurzen Überblick bis zur großen Runde über die gesamte Kap-Halbinsel. Die Preise orientieren sich an der Dauer und auch an der Größe der eingesetzten Fluggeräte (es gibt Helikopter mit 3, 4 oder 6 Passagiersitzen).

Kapstadt | NAC Helicopters | www.nachelicopterscapetown.com | tgl. 10.30 und 16.30 Uhr | ab 2550 Rand

WELLNESS

Massage mit Aussicht ▶ S. 89, a 2

Das majestätisch gelegene Twelve Apostles Hotels schmiegt sich an die gleichnamige Bergkette und beherbergt ein schönes Spa für kleine Auszeiten. Besonders gut lassen sich diese bei einer Massage in einem der schönen Aussichtspavillons (»mountain gazebos«) genießen. Die kleinen Häuschen stehen frei am Berghang und bieten grandiose Aussichten auf den Atlantik und das Tafelbergmassiv. Aromatherapien, Hot Stone oder traditionelle Massagen sorgen für perfekte Entspannung in wirklich traumhafter Umgebung.

🕒 Kommen Sie am späten Nachmittag, kurz vor dem Sonnenuntergang, wenn das Licht und die Atmosphäre besonders schön sind.

Kapstadt, Camps Bay | The Twelve Apostles Hotel and Spa | Victoria Road | Tel. 0 21/4 37 90 60 | www.12apostles hotel.com | Massagen ab 490 Rand

Von oben ist das attraktive Kapstadt doppelt schön. Ein Helikopterrundflug (▶ S. 56) eröffnet Blicke auf Tafelberg und Robben Island, Strände und das beeindruckende Stadion.

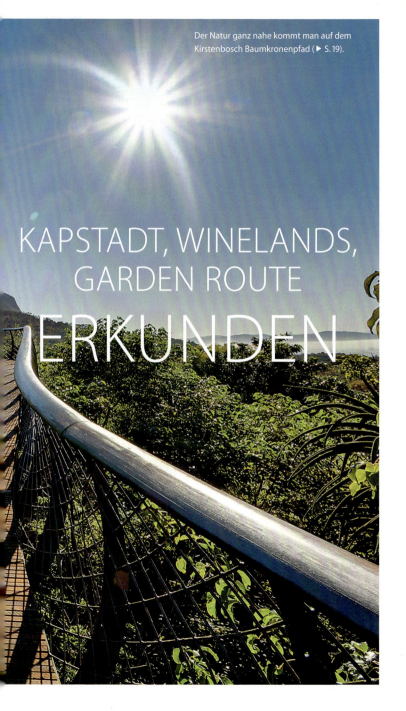

Der Natur ganz nahe kommt man auf dem Kirstenbosch Baumkronenpfad (▶ S. 19).

KAPSTADT, WINELANDS, GARDEN ROUTE ERKUNDEN

KAPSTADT, DIE MOTHER CITY

In Kapstadts Zentrum zeigt sich die ganze Vielfalt der Mother City. Historische Orte, faszinierende Kulturen, interessante Museen, erstklassiges Entertainment und aufstrebende Trendviertel – hier gibt es unendlich viel zu entdecken.

Kapstadt und seine traumhafte Umgebung bieten alles, was sich Urlauber wünschen, und eigentlich noch viel mehr als das. Die Auswahl ist so groß, dass man gar nicht weiß, wo man anfangen soll. Die beste Aussicht bietet der Tafelberg. Der Blick über die pulsierende Stadt, die ehemalige Gefängnisinsel Robben Island und die Kap-Halbinsel ist überwältigend. Vielleicht beginnen Sie Ihre Erkundungstour auf dem majestätischen Berg, um von oben zu sehen, was Sie später im Laufe Ihres Aufenthalts aus nächster Nähe betrachten werden.

Sie werden höchst Unterschiedliches zu sehen bekommen, denn das Stadtbild der Millionenstadt ist geprägt von einem architektonischen Mix aus alten und neuen Gebäuden. Durch die Fußball-WM 2010 wurde die Stadt um neue Einkaufs- und Unterhaltungsangebote bereichert, zudem wurde das öffentliche Verkehrsnetz erweitert. Mit ihren zahlreichen Se-

◀ Kapstadts City Bowl (▶ S. 61): das von Bergen eingerahmte quirlige Zentrum.

henswürdigkeiten und ihrer grandiosen Umgebung gehört Kapstadt seit vielen Jahren zu den attraktivsten Reisezielen der Welt.
Die bewegte Geschichte der Stadt zeigt sich an vielen Stellen. Historische Gebäude zeugen von europäischen Kolonialmächten im 17. bis 19. Jh., und der geschichtsträchtige District Six bringt Erinnerungen an die dunkle Vergangenheit der Stadt zu Zeiten der Apartheid hervor. Diverse Museen vermitteln einen spannenden Einblick in das Leben in der Mother City gestern und heute, aufstrebende Viertel wie Woodstock inspirieren mit ihrer Kreativität. Die modernisierte Waterfront und der Hafen sind das Tor zur Welt, die City Bowl, die zwischen Signal Hill, Lion's Head und Tafelberg wie eine Schüssel eingebettet liegt, ist das Zentrum, der Kern des Ganzen.

BUNTES VIERTEL BO-KAAP

Das muslimische Viertel Bo-Kaap gehört zu den ältesten Stadtteilen und zeichnet sich durch seine bunten Häuser aus, die in knalligem Gelb, Grün, Orange, Pink und Blau erstrahlen. Die bunten Farben sind angeblich als Protest gegen das Schwarz-Weiß-Denken der Apartheid entstanden. Bo-Kaap ist aber nicht nur viel bunter als jeder andere Stadtteil Kapstadts, es ist exotisch, faszinierend anders, fast wie eine Welt für sich. Wer durch die engen Gassen schlendert, fühlt sich viel mehr wie in einem arabischen Dorf als in einem zentralen Stadtteil einer südafrikanischen Millionenstadt.
Bewohnt wird das Viertel fast ausschließlich von Kapmalaien, den Nachkommen der im 17. Jh. von der Niederländischen Ostindien-Kompanie verschleppten Sklaven aus Indonesien, Indien, Sri Lanka und Malaysia. Gegründet wurde das Viertel von Sheikh Yusuf, der im 18. Jh. ebenfalls als Sklave nach Kapstadt kam und gegen den Widerstand der Dutch Reformed Church eine Vielzahl der Sklaven zum islamischen Glauben bekehrte. Nach Abschaffung der Sklaverei ließen sich viele Muslime am Signal Hill nieder und gründeten hier ihre eigene Gemeinde. Viele kleine Häuser entstanden im Stilmix aus kapholländischer und englischer Bauart. Im Gegensatz zum ausgelöschten Stadtteil District Six hat Bo-Kaap die Zeit der Apartheid unbeschadet überstanden.

KAPSTADT 🏷 A/B 3

3,8 Mio. Einwohner
Stadtplan ▶ Klappe hinten

ZENTRUM UND BO-KAAP

21 000/6000 Einwohner
Stadtplan ▶ S. 63

SEHENSWERTES

❶ Auwahl Masjid

Die älteste Moschee Südafrikas wurde 1798 vom ersten hier ansässigen Iman, Abdullah Kadi Salaam, erbaut. Ihr heutiges Erscheinungsbild ist jedoch ganz anders als damals, denn nach einem Zusammenbruch 1930 konnten nur zwei der ursprünglichen Mauern erhalten werden.
Bo-Kaap | 34 Dorp Street

❷ Bree Street

Die Bree Street ist die derzeit angesagteste Straße der Stadt. Wegen ihrer hohen Dichte an erstklassigen Restaurants und Cafés gilt sie auch als Gourmetmeile. Außerdem gibt es trendige Modeboutiquen und aufstrebende Kunstgalerien. Hier ist es weniger touristisch als in der Long Street, die zwei Straßen weiter parallel liegt.

❸ Castle of Good Hope

Das Castle of Good Hope gehört zu den wichtigsten Sehenswürdigkeiten der Stadt. Es ist das älteste europäische Gebäude des Landes und bis heute im Original erhalten. Der Holländer Jan van Riebeeck, erster Verwalter der Kap-Kolonie, ließ die Festung im Auftrag der Niederländischen Ostindien-Kompanie in den Jahren 1666 bis 1679 erbauen. Zunächst wurde ein hölzerner Vorgängerbau in Auftrag gegeben, der jedoch wenige Jahre später durch einen zeitgemäßen Festungsbau in Form eines Pentagons ersetzt wurde. Nach der Übernahme der Kap-Provinz durch die Engländer ließ Lady Anne Barnard, Ehefrau des damaligen Kolonialsekretärs, Ende des 18. Jh. das Innere der Festung im Stil des englischen Regency um- und ausbauen. Früher lag die Festung direkt am Meer, wegen häufiger Sturmfluten musste der ursprüngliche Nordeingang jedoch nach Westen versetzt werden. Die heutige Binnenlage kam erst in den 1940er-Jahren durch die Aufschüttung der Hafenbucht zustande.
Ecke Castle/Darling Street | www.castleofgoodhope.co.za | tgl. 9–16 Uhr | 30 Rand, Kinder 15 Rand

❹ City Hall/Grand Parade

Das 1905 fertiggestellte alte Rathaus gehört zu den imposantesten Gebäuden der Stadt. Es ist eine architektonische Meisterleistung und Mischung aus italienischer Renaissance und britischem Kolonialstil. Besonders beeindruckend sind seine verzierte Marmorfassade und die Marmortreppe im Inneren. Der große Vorplatz, die Grand Parade, war einst ein militärischer Paradeplatz. 1979 zog die Stadtverwaltung aus dem alten Rathaus in ein neues funktionelles Bürogebäude um. Wegen seiner jüngeren Geschichte genießt das alte Rathaus bis heute einen hohen Stellenwert bei der Bevölkerung: Am 11. Februar 1990 hielt Nelson Mandela kurz nach seiner Freilassung seine bedeutende Rede auf dem Balkon des Rathauses und wurde dabei von einer riesigen Menschenmenge bejubelt. 2007 ließ sich das nationale Springbok-

Kapstadt – Zentrum und Bo-Kaap | 63

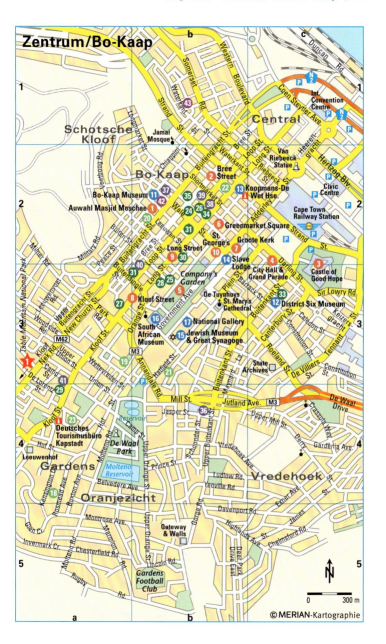

Rugbyteam hier feiern, nachdem es den Weltmeistertitel geholt hatte. Heute sind die Stadtbücherei und ein Konzertsaal, in dem das Cape Town Symphonic Orchestra meist donnerstags Konzerte gibt, in der City Hall untergebracht. Auf dem Vorplatz herrscht ein buntes Markttreiben. Für die Fußball-WM 2010 wurde die Grand Parade für 21 Millionen Rand (umgerechnet rund 1,5 Mio. Euro) modernisiert.
Darling Street

5 Company's Gardens

Der zentral gelegene Park ist die grüne Lunge der Mother City. Im 17. Jh. wurde er von holländischen Siedlern errichtet. Zu seiner weitläufigen Anlage gehören ein schön angelegter Rosengarten, ein Fischteich, ein Vogelgehege sowie ein japanischer Garten. Mehr als 8000 Pflanzenarten sind hier vertreten. Genießen Sie die Oase der Ruhe inmitten der Stadt und schauen Sie den vielen Eichhörnchen zu. Kleinere Stärkungen gibt es im Teehaus.
Plein Street

6 Greenmarket Square/Old Town House

Der 1696 erbaute historische Platz ist einer der schönsten Plätze der Stadt und ihr zweitältester. 1755 wurde nebenan das Old Town House fertiggestellt, das zeitweise als Rathaus diente. Später wurde auf dem Marktplatz Sklavenhandel betrieben, 1834 die Abschaffung des Sklavenhandels verkündet. Während der Apartheid fanden hier oft politische Protestaktionen statt. Heute kommen viele Besucher auf den Platz, um den lebhaften und beliebten Flohmarkt zu besuchen (▶ S. 40).

Im Old Town House ist heute die Michaelis Kunstsammlung zu bewundern, die wertvolle Ölgemälde aus dem 17. Jh. zeigt.
Ecke Shortmarket/Langmarket Street

7 Groote Kerk

Die Große Kirche ist das älteste christliche Gotteshaus des Landes und das Mutterhaus der Holländisch-Reformierten Kirche. 1704 wurde die Kirche basierend auf dem Glauben des Calvinismus gegründet, erst ab 1780 wurden auch andere christliche Glaubensarten zugelassen. Im 20. Jh. wurde das Gebäude vollständig umgebaut und vergrößert. Die auf der linken Seite im Inneren der Kirche stehende Kanzel mit ihren Löwenskulpturen wurde vom deutschen Künstler Anton Anreith handgeschnitzt. Das schlichte Slavery Memorial aus elf schwarzen Steinen auf dem Vorplatz (Church Square) erinnert an die dunkle Vergangenheit dieses Ortes, denn hier wurden bis 1834 Sklaven verkauft. Das Sklavenmuseum (Slave Lodge ▶ S. 68) befindet sich ebenfalls hier.
43 Adderley Street | www.grootekerk.org.za

8 Kloof Street

Neben der Bree Street gehört die Kloof Street, die sich südlich an die Long Street anschließt, zu den trendigsten Straßen der Stadt. Mit knapp 40 Restaurants findet sich auf der Restaurantmeile ein breites kulinarisches Angebot. Außerdem gibt es schöne Cafés und originelle Bars, die dafür sorgen, dass es hier nicht nur tagsüber, sondern auch abends lebhaft zugeht. Ein guter Ausgangspunkt zum Shoppen ist das Einkaufszentrum Lifestyles on Kloof, in dem sich auch das Wellness Warehouse befindet, das Naturprodukte (auch von vielen afrikanischen Pflanzenarten) anbietet. Neben kleineren Modeboutiquen mit trendigen Klamotten finden sich auf der Kloof Street, die sich Richtung Tafelberg hochschlängelt, auch geschmackvolle Möbelgeschäfte und Kunstgalerien.

❾ Long Street

Sie ist mehr als 300 Jahre alt und gehört damit zu den ältesten Straßen der Stadt, lange war sie auch ihre längste. Vom Hafengebiet beginnend, zieht sie sich mehr als 3 km lang bis in den Stadtteil Tamboerskloof. In der belebten Straße reihen sich aufwendig restaurierte viktorianische Häuser mit kunstgeschmiedeten Balkongittern und Brüstungen aneinander, die an das French Quarter im amerikanischen New Orleans erinnern. Eine bunte Ansammlung an Trödel- und Antiquitätenläden, ausgefallenen Klamottenläden, einigen Buchhandlungen, Musikshops und Kunsthandwerksläden laden zum Schlendern und Einkaufen ein. Wegen der vielen günstigen Unterkünfte zieht die Long Street Backpacker aus aller Welt an. Sie tragen zur ohnehin kosmopolitischen Atmosphäre der Straße bei.

Das Gastronomieangebot ist vielfältig, zahlreiche Bars und Clubs machen die Long Street zur zentralen Partymeile der Stadt. Besonders am Wochenende ist es laut und voll auf der Straße. Musik hat auf der Long Street eine lange Tradition, denn hier wurde der südafrikanische Jazz geboren.

Das schön renovierte viktorianische Gebäude im Zuckerbäckerstil mit seinen filigranen Balkonen ist typisch für die belebte Long Street (▶ S. 65) in Kapstadts Zentrum.

⑩ St. George's Cathedral

Das anglikanische Gotteshaus im klassischen viktorianischen Stil wurde 1834 eröffnet und ursprünglich nach dem Londoner Vorbild St. Pancras erbaut. Vor dem Eintreffen des ersten anglikanischen Bischofs im Jahr 1847 wurde die Kirche zur Kathedrale, der Bischof fand jedoch wenig Gefallen daran. Zahlreiche Umbauten folgten. Das bis heute erhaltene Gebäude wurde vom südafrikanischen Architekten Sir Herbert Baker aus dem Sandstein des Tafelbergs konzipiert. Das Innere der Kirche gleicht europäischen Kathedralen. Die Fenster sind mit farbenfrohen Mosaiken versehen. Bekannt geworden ist die St. George's Cathedral vor allem durch den Widerstand gegen die Apartheid und das Engagement von Erzbischof und Friedensnobelpreisträger Desmond Tutu. Während der politischen Unruhen galt die Kirche als Zufluchtsort für Menschen aller Rassen. Tutu prägte auch den Begriff »rainbow nation« (Regenbogennation), der Südafrika als multikulturelles Land beschreibt. Musik hat in der Kirche schon immer eine wichtige Rolle gespielt. Chor- und Orchesterkonzerte finden regelmäßig statt, außerdem befindet sich in der Krypta die Jazzbar »The Crypt Jazz Club« (▶ S. 74).

5 Wale Street | www.sgcathedral.co.za

Tafelberg Nationalpark

Der majestätische Tafelberg ist das Wahrzeichen der Stadt und ihre beliebteste Attraktion. Kaum ein Besucher verlässt die Mother City, ohne auf dem Plateau des 1086 m hohen Berges gestanden zu haben. In einer rotierenden

Zwei Kabinen für jeweils 60 Passagiere bringen stündlich ca. 800 Personen auf den Tafelberg (▶ S. 66). Eine Fahrt in der sich drehenden Kabine dauert knapp 5 Minuten.

Gondel werden Besucher in nur wenigen Minuten auf den Berg katapultiert. Sportliche wählen einen der vielen Wanderwege. Wer in der Hauptsaison auf dem Berg ankommt, sollte sich von den Besuchermassen an der Station nicht abschrecken lassen. Das Plateau des Berges ist so weitläufig, dass man genug Platz hat, um die verschiedenen Stellen in Ruhe zu genießen. Mehrere Aussichtsplattformen bieten traumhafte Panoramaaussichten auf die Stadt, die Kap-Halbinsel, Robben Island und den benachbarten Lion's Head. Den südlichen Abschluss zur City Bowl bildet eine markante, 500 m steile Sandsteinwand. Spektakulär ist neben der Aussicht auch die Vegetation des Berges: Mehr als 1400 verschiedene Pflanzenarten sind hier zu finden. Außerdem sind hier verschiedene Tierarten wie »baboons« (Paviane), Bergziegen, und »rock dassies« (Klippschliefer) heimisch. Überall kann man Neues entdecken, stundenlang lässt es sich deshalb auf dem Plateau verweilen. Wer eine Stärkung braucht, kann das Café mit Selbstbedienung besuchen.

🕓 Kommen Sie vor Sonnenuntergang. Zu bestimmten Zeiten kostet das Seilbahnticket nach 18 Uhr nur noch die Hälfte.

Table Mountain National Park | www.tablemountain.net | Seilbahn 8–17/20.30 Uhr (je nach Monat) | Hin- und Rückfahrt 225 Rand, Kinder 115 Rand

MUSEEN UND GALERIEN
MUSEEN

⑪ Bo-Kaap Museum

Das Museum ist in einem der ältesten Häuser der Stadt untergebracht und bietet einen interessanten Überblick über die Geschichte und Entwicklung der kapmalaiischen Kultur und das Leben im Viertel.

Bo-Kaap | 71 Wale Street | www.iziko.org.za/museums/bo-kaap-museum | Mo–Sa 10–17 Uhr | 20 Rand, Kinder 10 Rand

⑫ District Six Museum

In der ehemaligen Buitenkant Street Church befindet sich heute das District Six Museum, das zu den bedeutungsvollsten Orten von Kapstadts jüngster Geschichte gehört. Als sechster Bezirk der Stadt wurde das multikulturelle Viertel 1867 gegründet. Hier lebten ehemalige Sklaven, Künstler, Kaufleute, Arbeiter und Migranten friedlich zusammen. Anfang des 20. Jh. begannen die ersten Zwangsumsiedlungen, 1901 wurden zunächst die Schwarzen verbannt, danach zogen viele wohlhabende Menschen in andere Viertel. Eine Verwahrlosung und Verarmung des Stadtteils folgte. Am 11. Februar 1966 wurde der District Six von der Apartheidsregierung aufgrund des Group Area Acts von 1950 zum weißen Wohngebiet erklärt. Als Begründung wurde die zunehmende Kriminalität im Viertel vorgeschoben, obwohl der eigentliche Grund wohl eher darin lag, dass die friedliche Koexistenz verschiedener Bevölkerungsgruppen, die Kapstadt heute ausmacht und bereits im 19. Jh. im District Six gelebt wurde, nicht geduldet wurde. Ein weiterer Grund war, dass die weiße Bevölkerung im Stadtzentrum lieber unter sich bleiben wollte. 1982 wurde die multikulturelle Gemeinschaft des Viertels endgültig aufgelöst. Mehr als 60 000 Menschen wurden in die dezentralen

Cape Flats (▶ S. 84) vertrieben, der einst so lebhafte District Six wurde mit Bulldozern dem Erdboden gleichgemacht. 1994 wurde das Museum eröffnet, das den früheren Bewohnern Raum für Erinnerungen an ihre Heimat gibt und Besuchern einen Eindruck davon vermittelt. Fotografien und andere Zeitzeugnisse dokumentieren das Leben im sechsten Bezirk und auch das Leid, das den Menschen hier widerfahren ist. Der Wiederaufbau des Viertels, das 2003 offiziell an seine ehemaligen Bewohner zurückgegeben wurde, ist bis heute im Gang. Viele neue Häuser sind bereits entstanden, andere Teile liegen noch brach.

25 Buitenkant Street | www.districtsix.co.za | Mo–Sa 9–16 Uhr | 30 Rand, Kinder 15 Rand (mit Audio-Guide), 45 Rand, Kinder 15 Rand (geführte Tour)

⓭ Koopmans-de Wet House

Das zwischen modernen Gebäuden stehende, elegante Haus mit seiner schönen Fassade war 1914 das erste Haus in Südafrika, das für die Öffentlichkeit als Museum geöffnet wurde. 1701 wurde es erbaut und über zwei Jahrhunderte von holländischen Adligen bewohnt. In seinem Inneren findet sich eine Sammlung an antiken Möbeln, Gemälden, Silber und Porzellan. Die letzten Bewohner des Hauses waren Maria Koopmans-de Wet und ihre Schwester Margaritha. Maria, nach der das Museum benannt wurde, war eine Kunstmäzenin, die sich während des Burenkrieges für die Kinder und Witwen der Buren einsetzte.

35 Strand Street | www.iziko.org.za | Mo–Fr 10–17 Uhr | 20 Rand, Kinder 10 Rand

⓮ Slave Lodge

Das zweitälteste Gebäude Südafrikas wurde 1679 erbaut und diente lange Zeit als Unterkunft für Sklaven. Im 17. und 18. Jh. mussten hier bis zu 1000 Sklaven der Niederländisch-Ostindischen-Kompanie unter katastrophalen Bedingungen leben. Das heutige Museum dokumentiert die lange Geschichte der Sklaverei.

49 Adderley Street | www.iziko.org.za | Mo–Sa 10–17 Uhr | 30 Rand, Kinder 15 Rand

⓯ South African Jewish Museum/Great Synagogue

Das neue jüdische Museum wurde 2000 eröffnet und befindet sich neben der 1863 erbauten ältesten Synagoge Südafrikas, in der auch das alte Museum untergebracht war. Heute ist es dem modernen Komplex mit seiner interaktiven Hightech-Ausstellung angegliedert. Die reich verzierte Große Synagoge wurde 1905 erbaut und ist das Zentrum der jüdischen Gemeinde.

88 Hatfield Street | www.sajewishmuseum.org.za | So–Do 10–17, Fr 10–14 Uhr | 40 Rand, Kinder frei

⓰ South African Museum

In einem imposanten historischen Gebäude in den Company's Gardens ist das älteste Museum Kapstadts untergebracht. Die umfangreiche Ausstellung vereint Interessantes aus der Vergangenheit und Gegenwart des Landes. In der anthropologischen Abteilung wurden lebensgroße Buschmänner nachgebildet, die ungewöhnlich echt aussehen. Besonders beeindruckend sind auch die über mehrere Stockwerke ragenden Walskelette.

Zentrum und Bo-Kaap | 69

Das District Six Museum (▶ S. 67) zur Geschichte des ehemaligen multikulturellen Stadtteils ist eines der interessantesten und eindrucksvollsten Museen Kapstadts.

25 Queen Victoria Street | www.iziko.org.za | tgl. 10–17 Uhr | 30 Rand, Kinder 15 Rand

⓱ South African National Gallery

Neben einer umfangreichen Sammlung an Gemälden und Skulpturen von (süd-)afrikanischen und europäischen Künstlern finden sich unter den Exponaten auch Recycling-Kunst aus den Townships sowie farbenprächtige Kunst von afrikanischen Stämmen.
Government Avenue, Company's Gardens | www.iziko.org.za | tgl. 10–17 Uhr | 30 Rand, Kinder 15 Rand

GALERIEN
First Thursdays – Galerieabende im Zentrum Kapstadts 🚩

An jedem ersten Donnerstag im Monat gewähren mehr als 30 Galerien im Zentrum vom Kapstadt bis spät in den Abend Kunstinteressierten freien Eintritt ab 18 Uhr. Auf der Website der Veranstalter können sich Interessierte einen Stadtplan mit den teilnehmenden Galerien herunterladen. Die größte Dichte an Galerien findet sich in Church, Bree und Loop Street.
www.first-thursdays.co.za | jeden ersten Donnerstag im Monat

ÜBERNACHTEN

18 2Inn1 Kensington ▶ S. 24

19 Belmond Mount Nelson Hotel

Das Traditionshaus – Das rosafarbene Haus im Kolonialstil ist die Grande Dame der Stadt und gehört zu den nobelsten Unterkünften der Region. Seit mehr als einem Jahrhundert empfängt das Traditionshaus Gäste aus aller Welt und wird auf internationalen Bestenlisten weit oben geführt. Viele Prominente waren hier bereits zu Gast. Im schönen Stadtteil Gardens gelegen, grenzt das Haus an die beliebte Kloof Street mit ihren Restaurants und Einkaufsmöglichkeiten. Ruhe und Erholung bietet die wunderschöne Gartenanlage, die das Hotel umgibt. Wem die Übernachtung zu teuer ist, der kommt einfach auf einen klassischen Afternoon Tea vorbei, der stilvoll auf der Terrasse serviert wird.
76 Orange Street | Tel. 0 21/4 83 10 00 | www.belmond.com | 201 Zimmer und Suiten | €€€€

20 Dutch Manor Antique Hotel

Tradition mit Komfort – Das 1812 erbaute Hotel beeindruckt mit hohen Decken und erlesenen Antiquitäten. In den individuell gestalteten Zimmern, die mit dunklen Holzmöbeln und Flachbildschirmen ausgestattet sind, vereint sich traditioneller und moderner Komfort. Morgens fühlt man sich wie mitten im Orient, wenn die Gebetsrufe der Muezzins aus den umliegenden Moscheen zu hören sind.
Bo-Kaap | 158 Buitengracht | Tel. 0 21/4 22 47 67 | www.dutchmanor.co.za | 6 Zimmer | €–€€

Im Grand Daddy Boutique Hotel (▶ S. 71) kann man in komfortablen Zimmern, luxuriösen Suiten oder auf dem Dach in original amerikanischen Airstream-Trailern übernachten.

㉑ Nine Flowers

Gemütlich und freundlich – Das Gästehaus des deutsch-schweizerischen Ehepaars Marrin und Matthias befindet sich in zentraler Lage im schönen Stadtteil Gardens. In nur wenigen Minuten können die Einkaufsstraßen Kloof und Long Street sowie viele Sehenswürdigkeiten erreicht werden. Die Zimmer sind in den Farben verschiedener Blumen des Landes eingerichtet. Von den Balkonen sieht man den Lion's Head, Tafelberg oder Signal Hill.
Gardens | 133–135 Hatfield Street | Tel. 0 21/4 62 14 30 | www.nineflowers.de | 9 Zimmer | €€

㉒ The Grand Daddy & Airstream

Schlafen auf dem Dach – Inmitten der Long Street ist das wohl ungewöhnlichste Hotel der Stadt zu finden. Bekannt ist es vor allem für seine besonderen Übernachtungsmöglichkeiten auf dem Dach des Hauses: In den glänzenden Airstream-Wagen, die von unterschiedlichen Künstlern ganz individuell gestaltet wurden, können Gäste hoch oben über der lebhaften Shopping- und Partymeile nächtigen. In regelmäßigen Abständen finden auf dem Dach Open-Air-Kinoabende statt.
38 Long Street | Tel. 0 21/4 24 72 48 | www.granddaddy.co.za | 7 Wagen | €€

㉓ Welgelegen Guest House ▶ S. 25

ESSEN UND TRINKEN
RESTAURANTS

㉔ Bocca

Bella Italia in angesagter Lage – In dem im Herbst 2014 eröffneten Restaurant in der trendigen Bree Street kommt authentisches italienisches Essen auf den Tisch: hausgemachte Pasta mit Garnelen oder Tomatensugo, außerdem knusprige Pizza nach Napoli-Art, die aus einem original italienischen Pizzaofen kommt. Für den kleinen Hunger oder zum Lunch gibt es Panini, Salate und Fingerfood. Nicht zu vergessen ist der süße Abschluss wie Safran-Panna-Cotta.
Ecke Bree/Wale Street | Tel. 0 21/4 22 01 88 | www.bocca.co.za | €€

㉕ Carne SA

Bestes Fleisch – Das italienische Restaurant ist ein Paradies für Fleischliebhaber und gehört zu den besten Steakhäusern der Stadt. Die edlen Fleischspezialitäten stammen von der eigenen Farm in der Karoo und werden vom Gast in rohem Zustand ausgewählt. Das Angebot reicht von marinierten Lammkeulen über Filetstücke vom Wild bis zum 1,2 kg schweren Florentiner Steak.
70 Keerom | Tel. 0 21/4 24 34 60 | www.carne-sa.com | €€€–€€€€

㉖ Dear Me

Frühstück bis Dinner – In der Gourmet-Brasserie gibt es eine feine Auswahl an frischen Speisen, die aus lokalen Zutaten höchster Qualität zubereitet werden. Außerdem gibt es ein Sortiment an hausgemachten Spezialitäten für zu Hause. Auch Vegetarier und Veganer kommen hier auf ihre Kosten. In einem komplett in Weiß gestalteten Raum im Obergeschoss wird donnerstags und freitags ein 5- oder 8-Gänge-Menü serviert.
165 Longmarket | Tel. 0 21/4 22 49 20 | www.dearme.co.za | Frühstück 7–11, Lunch 12–15, Dinner nur Do–Fr | €€–€€€€

㉗ Kloof Street House
Charmant – Mitten auf der lebhaften Kloof Street gelegen und dennoch versteckt liegt das in einem prunkvollen viktorianischen Haus untergebrachte Restaurant. Alle Räume sind ungewöhnlich gestaltet und versprühen einen Charme von längst vergangenen Zeiten. Beim abendlichen Dinner sorgen Kerzenleuchter für romantische Stimmung, mittags trifft man sich im idyllischen Garten zum Lunch.
30 Kloof Street | Tel. 0 21/4 23 44 13 | www.kloofstreethouse.co.za | €€

㉘ The Royal Eatery
Feine Hamburger – Fans von Hamburgern finden in dem originell dekorierten Restaurant eine fast unschlagbare Auswahl von mehr als 50 verschiedenen Arten von Hamburgern, die mit Süßkartoffeln serviert werden. Wer danach noch Platz im Magen hat, sollte auch die Milchshakes und köstlichen Süßspeisen probieren.
273 Long Street | Tel. 0 21/4 22 45 36 | www.royaleeatery.com | €€

CAFÉS

㉙ Melissas
Seit vielen Jahren gehört das Café zu den kulinarischen Institutionen auf der Kloof Street. Neben Spezialitäten zum Mitnehmen werden auch selbst gebackene Kuchen und Muffins, eine Auswahl an Mittagsgerichten und kleinere Speisen angeboten, die sofort verzehrt werden können. Besonders beliebt ist das trendige Café zum Frühstücken und Kaffeetrinken am Nachmittag.
94 Kloof Street | Tel. 0 21/4 24 55 40 | www.melissas.co.za | Mo–Fr 7–18, Sa 8–19, So 8–18 Uhr

㉚ Orchard on Long
In der kleinen Saftbar erhalten Gesundheitsbewusste ihre tägliche Ration an Obst und Gemüse in Form von frisch gepressten Säften oder cremigen Smoothies to go. Wer hungrig ist, wählt noch einen Snack dazu aus.
211 Long Street | Tel. 0 21/4 24 37 81 | Mo–Fr 9–17, Sa 9–15 Uhr

㉛ Rcaffé
An der Wand des gemütlichen Cafés hängen Krawatten, Tennisschläger und Schallplatten. Wer vor der Theke steht und die unwiderstehlichen Karotten- oder Käsekuchen und Schokoladen-Cupcakes sieht, weiß, warum sich ein Besuch hier lohnt. Aber auch die herzhaften Gerichte, darunter Gourmetburger, Salate, Wraps und Quiches, sind ein Genuss.
138 Long Street | Tel. 0 21/4 24 11 24 | Mo–Fr 6.30–17, Sa 8.30–16.30 Uhr

㉜ Sababa Kitchen and Deli
Wer orientalisch inspiriertes Essen mag, sollte das kleine Deli in der Bree Street besuchen. Jeden Tag gibt es hier eine große Auswahl an frisch zubereiteten Salaten, dazu Hummus, Falafel, Mezze und Dips. Auch für Allergiker ist gesorgt. Die gesunden Gerichte sind ideal für ein leichtes Mittagessen oder spätes Frühstück. Jeden Donnerstag gibt es einen Falafelabend.
231 Bree Street | Tel. 0 21/4 24 74 80 | sababa.withtank.com | Mo–Fr 7–16 Uhr

㉝ The Haas Collective
Hier sind nicht nur die Kaffeesorten außergewöhnlich, sondern das ganze Konzept des Cafés. Duftender Kaffee und selbst gebackener Kuchen wird

von Kellnern mit Zylindern serviert, und in der angegliederten Galerie können ausgefallenes Kunsthandwerk und Wohnaccessoires erworben werden.
19 Buitenkant Street | Tel. 0 21/4 61 18 12 | www.haascollective.com | Mo–Fr 7–17, Sa–So 8–15 Uhr

BARS
③④ Tjing Tjing
Die Rooftop-Bar befindet sich in einem 200 Jahre alten Gebäude über dem Restaurant und Café »Dear me« (▶ S. 71). Zu ihren Spezialitäten gehören ausgefallene Cocktailkreationen wie The Earl (Earl Grey-Tee, Honig, Ingwer, Limette, Gin) oder Asian Mary (Tomate, Pfeffer, Salz, Sellerie, Wasabi, Limette, Worcestersoße, Wodka) und Tapas. Die Bar ist mit ihrem dunklen Holz und roten Möbeln japanisch angehaucht, die Aussicht auf die Stadt ist fantastisch.
165 Longmarket Street | Tel. 0 21/ 4 22 49 20 | www.tjingtjing.co.za | Di–Fr 14–2, Sa 18.30–2 Uhr

③⑤ Weinhaus + Biergarten
Der in der Bree Street gelegene Biergarten der Biermarke Brewers & Union, die mit verschiedenen bayrischen Brauereien zusammenarbeitet, gehört zu den beliebtesten Treffpunkten der Stadt. Neben ausgefallenen Biersorten und erlesenen Weinen gibt es einfache Tapas, die auf Holzbrettern serviert werden. Die Stimmung ist gut, das Publikum jung und trendy. Zweimal in der Woche finden Live-Konzerte statt.
110 Bree Street | Tel. 0 21/4 22 27 70 | www.andunion.com | Di–Do 15–24, Fr–Sa 12–24 Uhr

In der Kloof Street und in zehn weiteren Laden-Restaurants in Kapstadt und Umgebung verlocken die Delikatessen von Melissa's (▶ S. 72) zum vorort Essen oder Mitnehmen.

EINKAUFEN

EINKAUFSZENTREN

36 Gardens Shopping Centre

Das im schönen Stadtteil Gardens, angrenzend an die City Bowl gelegene Einkaufszentrum ist nicht nur wegen des hier ansässigen ausgezeichneten deutschen Metzgers vor allem bei Deutschen sehr beliebt. Es bietet daneben auch vielfältige andere Einkaufsmöglichkeiten.

Ecke Mill/Buitenkant Street | www.gardensshoppingcentre.co.za | Mo–Fr 9–19, Sa 9–17, So 9–14 Uhr

KULINARISCHES

37 Atlas Trading

Schon beim Betreten des familienbetriebenen Geschäfts erschnuppern Besucher die Spezialität des Hauses: Gewürze in allen Variationen, die neben indischen Waren angeboten werden. Die duftenden Aromen werden aus großen Holzkisten geschaufelt, sind aber auch in kleinen Mengen fertig verpackt zu erwerben.

Bo-Kaap | 94 Wale Street, Schotsche Kloof | Mo–Fr 8.30–17.15, Sa 8.30–12.15 Uhr

MÄRKTE

38 Pan African Market

Wer auf der Suche nach schönen Mitbringseln für zu Hause ist, sollte den Pan African Market besuchen. Handwerkskunst wie handgeschnitzte Masken, Holzfiguren und Schmuck aus fast allen afrikanischen Ländern kann hier zu fairen Preisen erworben werden.

76 Long Street

MODE

39 SAM ▶ S. 40

SCHMUCK

40 Kirsten Goss & Missibaba ▶ S. 40

WOHNEN

41 LIM ▶ S. 41

KULTUR UND UNTERHALTUNG

42 The Crypt Jazz Club

Live-Musik in ungewöhnlichem Ambiente bietet der Jazzclub in der Krypta der berühmten St. George's Kathedrale (▶ S. 66). An fünf Tagen in der Woche treten hier erstklassige Bands auf. Für die kulinarische Begleitung sorgt das dazugehörige Restaurant.

1 Wale Street | Tel. 0 79/6 83 46 58 | www.thecryptjazz.com | Di–Sa 18.30–24 Uhr | 55 Rand

43 The Piano Bar

Die stilvolle Bar im schönen Viertel De Waterkant ist von den Jazzbars in New York inspiriert. Bei gutem Essen und gepflegten Cocktails gibt es jeden Abend Live-Musik. Der Eintritt ist frei.

47 Napier Street | Tel. 0 21/4 18 10 96 | www.thepianobar.co.za

SERVICE

AUSKUNFT

Deutsches Tourismusbüro Kapstadt

157 Kloof Street | Tel. 0 21/4 22 26 29 | www.tourismus-buero.co.za

VICTORIA & ALFRED WATERFRONT

Stadtplan ▶ S. 75

SEHENSWERTES

1 Clock Tower Precinct

Der wunderschön restaurierte Uhrenturm galt in früheren Zeiten als Richtwert für die offiziellen Ein- und Aus-

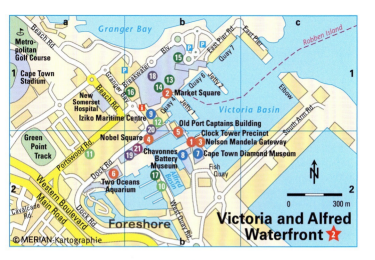

laufzeiten von Schiffen. Das Gebäude gehört zu den ältesten der Stadt und beheimatete früher das Büro des Hafenkapitäns. 2002 wurde das neue Gebäude um den Turm eröffnet, in dem neben Restaurants und Geschäften auch ein modernes Konferenzzentrum und eine Touristeninformation untergebracht sind.

Im Wasser unterhalb des Turms tummelt sich eine Kolonie von Seehunden.
Fish Quay

❷ Market Square 👫

Der Platz bildet den Mittelpunkt der Waterfront und ist auch gleichzeitig ihr Unterhaltungszentrum. Hier versammeln sich täglich wechselnde Straßenmusiker und sorgen mit Live-Konzerten für ausgelassene Stimmung. Daneben zeigen diverse andere Künstler ihre Talente und unterhalten damit die Besucher.
Vor dem Hafenbecken, am Ausgang des Einkaufszentrums Victoria Wharf

❸ Nelson Mandela Gateway

Vom Nelson Mandela Gateway, neben dem Clock Tower, fahren mehrmals täglich Fähren zur ehemaligen Gefängnisinsel **Robben Island** ⭐. Vom 17. bis 20. Jh. waren hier hauptsächlich politische Gefangene inhaftiert, es gab aber auch lange Jahre eine Leprastation bzw. die Insel diente auch als Quarantänestation. Weltweit bekannt wurde die Insel durch ihren prominentesten Häftling: Nelson Mandela, der zu Zeiten der Apartheid 18 seiner 27 Haftjahre in diesem Hochsicherheitsgefängnis absitzen musste. Heute ist Robben Island einer der bedeutsamen Orte der südafrikanischen Geschichte. Jedes Jahr kommen Scharen von Besucher, die von ehemaligen Häftlingen über die Insel geführt werden. Die Tour dauert ab Festland ca. 3,5 Stunden.
Nelson Mandela Getaway | www.robben-island.org.za | 9, 10, 11, 13, 14 und 15 Uhr (30 Min. vor Beginn da sein) | 280 Rand, Kinder 150 Rand

4 Nobel Square

Der Platz wurde 2005 zu Ehren der vier Friedensnobelpreisträger Albert John Luthuli, Desmond Tutu, Frederik Willem de Klerk und Nelson Mandela eingeweiht, die als lebensgroße Bronzeskulpturen auf einer Granitfläche stehen. Vor ihnen sind Zitate eingraviert. Alle vier Figuren sind halbkreisförmig angeordnet und stehen mit dem Rücken zum majestätischen Tafelberg. Neben den großen Persönlichkeiten des Landes steht eine fünfte Skulptur, die den Namen »Peace and Democracy« (Frieden und Demokratie) trägt und den Anteil von Frauen und Kindern am Demokratisierungsprozess würdigen soll.

North Quay

5 Old Port Captain's Building

Das hübsche hellblaue Haus aus dem Jahr 1904 gehört zu den schönsten Gebäuden an der Waterfront. Früher war hier das Amt des Hafenkapitäns untergebracht, heute werden im Geschäft »African Trading Port« Kunstgegenstände aus nahezu allen afrikanischen Ländern angeboten.

Pierhead | www.africantradingport.co.za

6 Two Oceans Aquarium

Hier können die Bewohner der beiden angrenzenden Ozeane bewundert werden. Mehr als 3000 Fische sind zu sehen, außerdem gibt es einen Bereich, in dem Pinguine aus nächster Nähe beobachtet werden können. Beeindruckend ist der über mehrere Stockwerke reichende Wassertank, in dem Sandhaie, Meeresschildkröten, Rochen und andere Meeresbewohner ihre Runden drehen. Wer mutig ist und einen Tauchschein besitzt, kann zu ihnen hinabsteigen.

Vom Shoreline-Café aus hat man einen grandiosen Blick auf die Marina und den Tafelberg.

Dock Road | www.aquarium.co.za | tgl. 9.30–18 Uhr | 131 Rand, Kinder 63–102 Rand

MUSEEN UND GALERIEN

7 Cape Town Diamond Museum

Im Diamantenmuseum des Edeljuweliers Shimansky dreht sich alles um die funkelnden Steine. Besucher erhalten interessante Informationen über die drei Milliarden Jahre alte Geschichte von der Entstehung der Rohdiamanten bis zum fertig geschliffenen Stein. Originalgetreue Nachbildungen der weltweit größten und teuersten Diamanten können genauso bewundert werden wie wertvolle Originale. In der gläsernen Werkstatt sind Diamantenschleifer bei der Arbeit zu sehen.

Clock Tower, 1. Stock | www.capetowndiamondmuseum.org | tgl. 9–21 Uhr | 50 Rand, Kinder frei

8 Chavonnes Battery Museum

Kapstadt vor 300 Jahren: Wer wissen möchte, wie das Hafengebiet damals aussah und was sich hier ereignete, kann sich in dem historischen Museum auf eine interessante Zeitreise begeben. Ein Teil der Festungsanlage aus dem 18. Jh., die dem Museum seinen Namen gibt, ist bis heute erhalten. Im inneren und äußeren Teil können die 1999 ausgegrabenen Befestigungsmauern besichtigt werden. Auch original erhaltene Kanonen und Munitionen sind Teil der Ausstellung.

Clock Tower Precinct | www.chavonnes battery.co.za | Mo–Sa 9–16, So 9–18 Uhr | 55 Rand, Kinder 15 Rand

9 Iziko Maritime Centre

Das Museum vermittelt Besuchern einen interessanten Überblick über Kapstadts maritime Vergangenheit, die ein wichtiger Teil der Stadtgeschichte ist, und das Leben auf See. Neben einer Sammlung von Schiffsmodellen und Gegenständen der Schifffahrt gehört auch das erste Modell des Hafens zur Ausstellung. Außerdem kann das stillgelegte ehemalige Kriegsschiff »SAS Somerset« vor dem Museum besichtigt werden, das den Hafen in früheren Zeiten vor feindlichen Angriffen schützte.
Union Castle House, Dock Road | www.iziko.org.za | tgl. 10–17 Uhr | 20 Rand, Kinder 10 Rand

ÜBERNACHTEN

10 Cape Grace Hotel

Mit Stil – Das luxuriöse Hotel zeichnet sich vor allem durch seine einmalige Lage aus: An vier Seiten ist es von Wasser umgeben, außerdem gibt es einen eigenen Bootssteg. Das Haus integriert sich harmonisch in die viktorianische Landschaft der Waterfront, im Inneren beherbergt es eine umfangreiche Sammlung an Antiquitäten, die stilvoll dekoriert sind und ein besonderes Ambiente schaffen. Jedes Zimmer ist individuell eingerichtet und mit handbemalten Stoffen und afrikanischen Kunstwerken ausgestattet. Das hauseigene Restaurant ist preisgekrönt und serviert exzellente Tasting-Menüs.
West Quay Road | Tel. 0 21/4 10 71 00 | www.capegrace.com | 107 Zimmer | €€€€

Der Uhrturm (▶ S. 74) ist das Wahrzeichen der Victoria & Alfred Waterfront. Er wechselt gerne mal die Farbe: Zurzeit ist er gelb, aber demnächst vielleicht schon wieder rot, wie auf dem Bild?

Wer keine Zeit hat, die leckeren Sushi vor Ort im Restaurant Willoughby & Co (▶ S. 79) zu verspeisen, kann sie ebenso wie guten Wein im angeschlossenen Laden mitnehmen.

⑪ Protea Breakwater Lodge

Zentrale Lage – Bis 1989 fungierte das historische Gebäude als Gefängnis, heute ist darin ein Mittelklassehotel untergebracht. Die Zimmer sind klimatisiert und modern eingerichtet. Die Lodge ist eine gute Wahl für alle, die sich eine zentrale Lage wünschen und auf luxuriösen Komfort verzichten können, aber dennoch angenehm wohnen möchten. Wer frühzeitig bucht, wird mit Sonderrabatten belohnt.
Portswood Road | Tel. 0 21/4 06 19 11 | www.proteahotels.com | 191 Zimmer | €€

⑫ Victoria & Alfred Hotel

Viktorianisch charmant – Das Hotel liegt an einem Pier inmitten des bunten Treibens der Waterfront und bietet einen schönen Blick auf den Hafen. Die Zimmer sind geräumig und elegant eingerichtet und bieten wahlweise einen Blick auf den Tafelberg oder die Piazza. Zentrale Lage, sehr guter Service und prima Frühstücksbuffet. Eine kleinere Shoppingmall ist dem Haus direkt angegliedert.
Waterfront Pierhead | Tel. 0 21/4 19 66 77 | www.newmarkhotels.com | 94 Zimmer | €€€

ESSEN UND TRINKEN
RESTAURANTS
13 Balduccis
Elegant – Italienisches Restaurant, das neben klassischen italienischen Speisen wie Pizza und Pasta auch asiatische Nudeln und Tapas anbietet. Außerdem gibt es eine kleine Sushibar, an der asiatische Küchenchefs fangfrischen Fisch verarbeiten.
Victoria Wharf, Shop 6192 | Tel. 0 21/4 21 60 02 | www.balduccis.co.za | €€–€€€

14 Belthazar
Steak und Wein – Seit vielen Jahren gehört das an der Piazza gelegene Restaurant zu den besten Steakhäusern der Stadt. Die Fleischspezialitäten sind von höchster Qualität. Phänomenal ist neben dem Essen auch die riesige Weinauswahl mit mehr als 250 offenen Weinen und 600 Flaschenweinen.
Victoria Wharf, Shop 153 | Tel. 0 21/4 21 37 53 | www.belthazar.co.za | €€€

15 Willoughby & Co
Sushi-Tempel – Laut und hektisch geht es in dem beliebten Fischrestaurant zu und auch die Lage des inmitten der Shoppingmall gelegenen Restaurants könnte besser sein. Dennoch gehört es zu den Institutionen der Kapstädter Restaurantszene und ist ein Muss für Sushifans, denn die frischen Fischspezialitäten können kaum besser sein. Bevor das Essen serviert wird, lässt sich die Zeit mit der Beobachtung der japanischen Küchenmeister und ihrer Fingerfertigkeiten vertreiben.
Victoria Wharf, Shop 6132 | Tel. 0 21/4 18 61 15 | www.willoughbyandco.co.za | €€

CAFÉS
16 Vovo Telo
Beim Eintreten in das gemütliche Café mit hauseigener Bäckerei weht einem bereits der Duft von frisch gebackenem Brot entgegen. Alle Backwaren werden vor den Augen der Besucher gebacken. Neben köstlichen Kuchen, Törtchen und Kaffeespezialitäten gibt es leckere Frühstücksangebote wie French Toast aus selbst gebackener Brioche mit Mascarpone und Beerenkompott.
Building 33, Shop 2, Dock Road | Tel. 0 21/4 18 37 50 | www.vovotelo.co.za

BARS
17 Bascule
Die im exklusiven Cape Grace Hotel untergebrachte Bar ist mit ihrer hervorragenden Lage am Jachthafen tagsüber ein schöner Ort für einen Snack oder Kaffee, abends lässt sich hier der Tag stilvoll ausklingen. Die Spezialität des Hauses sind Whiskeys, die Auswahl ist mit mehr als 500 Sorten kaum zu übertreffen. Auch Tastings werden angeboten.
Cape Grace Hotel | West Quay Road | Tel. 0 21/4 10 70 82 | www.basculebar.com

EINKAUFEN
EINKAUFSZENTREN
18 Victoria Wharf
Das mit 450 Geschäften größte Einkaufszentrum des Stadtzentrums versammelt neben diversen Modeboutiquen lokaler und internationaler Marken auch Juweliere, Souvenirläden, Kunstgalerien, Lebensmittelgeschäfte, Restaurants, Cafés und das Springbok Experience Rugby Museum.
www.waterfront.co.za | tgl. 9–21 Uhr

19 Watershed 🚩

In der im Winter 2014 neu eröffneten Einkaufshalle in der Victoria & Alfred Waterfront gibt es mehr als 150 Stände von lokalen Anbietern, die afrikanisches Kunsthandwerk, Kleidung und Accessoires verkaufen. Einige davon unterstützen soziale Projekte in den Townships. Auch originelle Souvenirs sind hier zu finden.
Kapstadt, Waterfront | Dock Road | www.waterfront.co.za/Shop/markets | tgl. 10–19 Uhr

KULINARISCHES

20 V & A Market On The Wharf

Der kulinarische Markt ist ein Paradies für Genießer. An mehr als 40 Ständen bieten regionale Aussteller internationale Spezialitäten wie mexikanische Tacos, indische Samosas und amerikanische Corndogs an. Selbst deutsche Backwaren sind am Stand der Royal Bavarian Bakery vertreten. Für zu Hause gibt es feine Gewürze, Wurst- und Käsespezialitäten, Tees, Küchentextilien und Porzellanwaren.
Eingang neben dem Nobel Square | www.marketonthewharf.co.za | 10–19 (Nov.–April), 10–17.30 Uhr (Mai–Okt.)

KULTUR UND UNTERHALTUNG

21 Jou Ma Se Comedy Club

Im Club des bekannten Comedians Kurt Schoonrad stehen täglich wechselnde Künstler auf der Bühne, darunter auch der Gründer selbst. Das Publikum des renommierten Dinner-Theaters wird mit bester Stand-up-Comedy zum Lachen gebracht.
The Pumphouse, V & A Waterfront | Dock Road | www.joumasecomedy.com

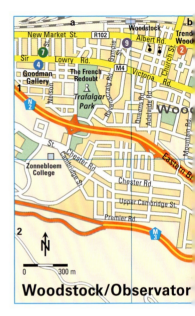

Woodstock/Observator

SERVICE
AUSKUNFT
V & A Information Center
Dock Road (neben Ferryman's Pub) | Tel. 0 21/4 08 76 00 | www.waterfront.co.za | tgl. 9–18 Uhr

⭐ WOODSTOCK UND OBSERVATORY

9500/9200 Einwohner
Stadtplan ▶ S. 80/81

Noch vor einigen Jahren war Woodstock ein tristes Industrieviertel mit schlechtem Ruf, heute ist es das pulsierendste Viertel der Stadt. In dem östlich des Zentrums gelegenen Stadtteil trifft sich Kapstadts Kreativszene. Aus einst verfallenen Gebäuden haben sich trendige Mode- und Möbelläden, Kunstgalerien und Bürolofts entwickelt. Einige der besten Galerien sind

Victoria & Alfred Waterfront – Woodstock und Observatory

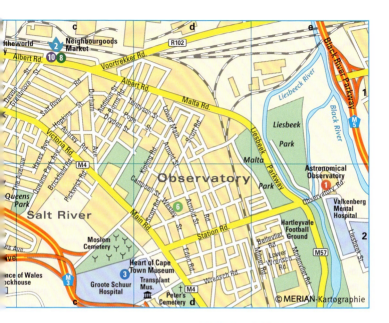

hier vertreten. Rund um die Albert Road präsentieren Designer ihre Kreationen, und auch in der Restaurantszene hat sich viel getan: Der Starkoch Luke Dale-Roberts ist mit gleich zwei Restaurants (The Test Kitchen, ▶ S. 83, und Pot Luck Club) vertreten.

Das ehemalige Arbeiterviertel Observatory, Obs genannt, grenzt im Südosten an Woodstock und ist durch seine Nähe zur Universität vor allem bei Studenten beliebt. Seine kleinen Häuschen im viktorianischen Baustil erinnern an das Stadtbild einer englischen Kleinstadt. Die Lower Main Road ist mit ihren vielen Restaurants, Bars und Cafés besonders abends ein beliebter Treffpunkt. Geschichte geschrieben hat Observatory durch die weltweit erste Herztransplantation in den 1960er-Jahren im Groote Schuur Hospital.

SEHENSWERTES

❶ Astronomical Observatory

Der ältesten Sternwarte Südafrikas verdankt Observatory seinen Namen. Im schönen historischen Hauptgebäude befindet sich heute das nationale Zentrum für Astronomie und eine astronomische Bibliothek. Jeden zweiten und vierten Samstag im Monat finden geführte Touren statt.

Observatory | 1 Observatory Road | www.saao.ac.za

❷ Trendviertel Woodstock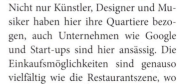

Nicht nur Künstler, Designer und Musiker haben hier ihre Quartiere bezogen, auch Unternehmen wie Google und Start-ups sind hier ansässig. Die Einkaufsmöglichkeiten sind genauso vielfältig wie die Restaurantszene, wo sich viele kleinere Cafés und Restaurants angesiedelt haben, die mit frischen regionalen Zutaten experimentieren und hohe Qualität auftischen. Jeden Samstag trifft man sich auf dem Neighbourgoods Market (▶ S. 37) in der Old Biscuit Mill.

MUSEEN UND GALERIEN
MUSEEN
❸ Heart of Cape Town Museum
Im Groote Schuur Hospital wurde 1967 die weltweit erste Herztransplantation durchgeführt. Im interaktiven Museum kann man rekonstruierte Operationssäle besichtigen und sich über die Geschichte der Herztransplantation informieren.
Observatory | Groote Schuur Hospital, Main Road | www.heartofcapetown.co.za | tgl. 9–17 Uhr | 200 Rand, Kinder 100 Rand

GALERIEN
❹ Goodman Gallery
Die international renommierte Galerie wurde in den 1960er-Jahren gegründet. Sie widersetzte sich den Repressionen der Apartheid und konzentriert sich auch heute noch auf hochwertige zeitgenössische südafrikanische und afrikanische Kunst. Die Ausstellung wird durch Exponate von internationalen Künstlern ergänzt.
Woodstock | Fairweather House, 176 Sir Lowry Street | www.goodman-gallery.com | Di–Fr 9.30–17.30, Sa 10–16 Uhr

❺ Whatiftheworld Gallery
Die in einer stillgelegten Synagoge untergebrachte Galerie zeigt auf zwei Etagen innovative Arbeiten sowohl von bekannten als auch von aufstrebenden südafrikanischen und internationalen

Das Restaurant Superette ist einer der trendigen Läden in der Woodstock Exchange (▶ S. 83). Es wurde von den Organisatoren des Neighbourgoods Market ins Leben gerufen.

Künstlern. Die beiden Gründer des Designkollektivs gehören zu den Pionieren der Woodstocker Kreativszene.
Woodstock | 1 Argyle Street | www.whatiftheworld.com | Di–Fr 10–17, Sa 10–14 Uhr

ÜBERNACHTEN

6 Aloe Guest House
Liebevoll restauriert – Das kleine Gästehaus mit nur drei Zimmern ist ein viktorianisches Cottage. Die Atmosphäre hier ist absolut familiär, und das Preis-Leistungs-Verhältnis ist kaum zu schlagen.
Observatory | 16 Wesley Street | Tel. 0 21/4 48 53 37 | www.aloehouse.co.za | 3 Zimmer | €

ESSEN UND TRINKEN

7 The Kitchen
Flexibel – Restaurantbesitzerin und Kochbuchautorin Karen Dudley wurde mit ihren Love Sandwiches und köstlichen Salaten berühmt. In ihrem liebevoll eingerichteten kleinen Restaurant ist vor allem mittags viel los. Hier treffen sich Einheimische aus den umliegenden Büros und sitzen an kleinen Tischen oder auf schmalen Holzbänken auf der Straße zusammen. Alle Gerichte werden an der offenen Theke ausgewählt und können unterschiedlich zusammengestellt werden.
Woodstock | 111 Sir Lowry Road | Tel. 0 21/4 62 22 01 | www.karendudley.co.za | €

8 The Test Kitchen
Für Feinschmecker – Das 2010 eröffnete Gourmetrestaurant des südafrikanischen Spitzenkochs Luke Dale-Roberts wurde mehrmals hintereinander zum besten Restaurant Kapstadts gekürt. Luke hat in der Schweiz, in England und Asien Erfahrungen gesammelt. Die feinen Gerichte, die aus der offenen Küche kommen, vereinen daher Kochkünste aus aller Welt und überraschen mit ausgefallenen Kombinationen. Einziger Nachteil: Wer einen der begehrten Tische ergattern möchte, muss bereits einige Monate im Voraus reservieren.
Woodstock | The Old Biscuit Mill, 375 Albert Road | Tel. 0 21/4 47 23 37 | www.thetestkitchen.co.za | €€€€

> **Frühstücken auf dem Neighbourgoods Market**
> Samstags wird im Trendviertel Woodstock geschlemmt: frische Waffeln, Cupcakes, Kuchen, aber auch Burger und internationale Spezialitäten (▶ S. 13).

EINKAUFEN

EINKAUFSZENTREN

9 The Woodstock Exchange
Im trendigen Design-Zentrum WEX befinden sich neben Büros von jungen Kreativen auch charmante Cafés, ein Sushi-Laden und Bistros. In den kleinen Boutiquen gibt es eine schöne Auswahl an handgearbeitetem Kunsthandwerk sowie ausgefallenen Schmuck, trendige Kleidung und Accessoires von lokalen Designern.
Woodstock | 66 Albert Road | www.woodstockexchange.co.za | Mo–Fr 8–17, Sa 8–14 Uhr

MÄRKTE
10 Neighbourgoods Market ▶ S. 37

Im Fokus
Kapstadts Townships – die andere Seite der Stadt

Kapstadt gehört zu den schönsten Städten der Welt, hat aber auch eine dunkle Seite, die in extremem Gegensatz zu den Luxusvierteln steht. In den Cape Flats am Stadtrand lebt die Mehrheit der farbigen und schwarzen Bevölkerung in teilweise erbärmlichen Verhältnissen.

Die Cape Flats sind als ein Produkt der Apartheid entstanden. Ihre Geschichte beginnt mit dem 1923 erlassenen Urban Areas Act, der städtische Gebiete in Wohngebiete für Schwarze und andere Bevölkerungsgruppen unterteilte. Als erste Township Kapstadts wurde daraufhin Langa (Xhosa für Sonne) 15 km südöstlich des Stadtzentrums als Wohngebiet für Schwarze errichtet. 1950 folgte der Group Area Act, mit dem streng voneinander getrennte Wohn- und Geschäftsbereiche für verschiedene Rassen geschaffen wurden. Wegen der drückenden Überbevölkerung in Langa wurden in den 1950er- und 1960er-Jahren zwei weitere Townships erbaut: Nyanga (»Mond«) und Gugulethu (»Unser Stolz«). Kurz darauf räumte die Regierung rigoros vermeintlich illegale Wohnsiedlungen, die an weiße Wohngebiete grenzten. Bezirke wie der legendäre District Six wurden trotz massivem Widerstand dem Erdboden gleichgemacht. Wäh-

◀ Holz- und Blechhütten in der Township
Imizamo Yethu (▶ S. 97) in Hout Bay.

rend die Hälfte der Bevölkerung aus dem Stadtgebiet vertrieben wurde, residierten die Weißen vornehmlich am Meer und in den ruhigeren Vororten. Im Zentrum wurden Schwarze nur noch geduldet, wenn sie eine Arbeitserlaubnis hatten und sich ausweisen konnten.

LANDFLUCHT UND WIDERSTAND GEGEN DAS REGIME

Weil die Bedingungen in anderen afrikanischen Ländern noch schlechter waren, kam es in den folgenden Jahren zu einer massiven Landflucht. 1982 lebten mehr als 40 % Schwarze illegal in Kapstadt. Sie errichteten immer mehr »shacks« (Baracken) und trugen zu einer hoffnungslosen Überfüllung der Townships bei. Die Stadtverwaltung wurde nicht mehr Herr der Lage, die sozialen Probleme wuchsen und mit ihnen auch der Unmut auf die Regierung und das System. Immer mehr formierten sich die Townships zum Zentrum des Widerstandes. In den 1980er-Jahren wurde als weitere große Township Khayelitsha (»Neue Heimat«) gegründet. Sie ist bis heute die größte Township der Stadt. Ursprünglich auf 40 000 Bewohner ausgelegt, leben hier inzwischen schätzungsweise mehr als eine Million Menschen.

Nach dem Ende der Apartheid nahm die Landflucht noch einmal immens zu. Die vielen Wanderarbeiter der Cape Flats holten ihre Familien zu sich, weitere Arbeiter kamen hinzu. Die genauen Einwohnerzahlen der Townships sind schwer zu erfassen, sicher ist jedoch, dass mehr als zwei Millionen Menschen und damit mehr als die Hälfte der Bevölkerung hier lebt. Nach der Apartheid kam es zu kleinen Fortschritten durch die Verbesserung der Infrastruktur. Dennoch sind die Bedingungen in vielen Townships noch immer erbärmlich. Neben den kleinen überfüllten Häusern entstehen immer mehr Baracken aus Holz, Pappe und Blech, in denen Einheimische und Einwanderer leben. Neben der hohen Kriminalität und Gewaltbereitschaft gehören Arbeitslosigkeit und Aids zu den größten Problemen in den Townships. Trotz aller Schwierigkeiten ist jedoch der große Zusammenhalt in den einzelnen Gemeinschaften bemerkenswert. Wer sich einer geführten Township-Tour anschließt (www.vamos.co.za oder www.anduela.com), wird diesen zu spüren bekommen. Nutzen Sie die Chance, um die andere Seite der Stadt kennenzulernen. Außerdem können Sie mit Ihrer Teilnahme einen kleinen Beitrag leisten, denn die Einnahmen kommen in der Regel lokalen Projekten zugute.

DIE KAP-HALBINSEL

Die abwechslungsreiche Fahrt von Kapstadt bis zum Kap der Guten Hoffnung und der Weg zurück führt vorbei an Traumstränden und grandiosen Landschaften. Sie ist ein absolutes Highlight, das kein Besucher verpassen sollte.

Mit dem zentral gelegenen Stadtteil Green Point beginnt das Atlantic Seaboard, das die an der Atlantikküste gelegenen Stadtteile bezeichnet. Es zieht sich stadtauswärts über Sea Point bis nach Hout Bay und umfasst die dazwischenliegenden Nobelgegenden Clifton, Llundadno und Camps Bay. Entlang der Küste erstrecken sich traumhafte Strände mit weißem Sand und türkisfarbenem Wasser, an denen sich auffallend gut aussehende Menschen tummeln. Sehen und gesehen werden gehört vor allem an den Trendstränden Clifton und Camps Bay dazu.

LEBHAFTE UND RUHIGE TRAUMSTRÄNDE

Weiter südlich, am endlos erscheinenden Long Beach, geht es wesentlich ruhiger zu. Der Strand ist mitunter menschenleer und ein Paradies für Naturliebhaber. Trotz der unzähligen Traumstrände am Atlantik zieht es viele

◄ Camps Bay Beach (▶ S. 93) ist die größte und beliebteste Badebucht Kapstadts.

Urlauber und Einheimische zum Baden auf die andere Seite des Kaps – in die wesentlich angenehmeren Fluten des Indischen Ozeans.
Rund um die False Bay, am Indischen Ozean, liegen die beliebten Badeorte Muizenberg, Kalk Bay und Simon's Town. Simon's Town ist vor allem für die hier lebende Pinguinkolonie bekannt.

DIE FALSCHE BUCHT

Der Name False Bay (falsche Bucht) kommt daher, dass es früher oft zu Fehlnavigationen kam und viele Seefahrer die Bucht fälschlicherweise für die Tafelbucht gehalten haben. Heute eignet sich die Bucht gut zum Segeln und Angeln, da hier Fischschwärme vorbeikommen. Allerdings kann es hier auch Monsterwellen und den Weißen Hai geben.
Die legendäre Südspitze der Kap-Halbinsel wartet mit einer spektakulären Landschaft auf und befindet sich inmitten eines herrlichen Naturschutzgebiets. Für die Schifffahrt war das Kap aufgrund starker Winde immer schon sehr gefährlich, was 23 Wracks deutlich veranschaulichen.

GREEN POINT ▶ Klappe hinten, c 1/2
5400 Einwohner

Der Stadtteil Green Point liegt am Fuße des Signal Hill und wird auf der anderen Seite durch den Atlantischen Ozean begrenzt. Das Stadtbild ist geprägt vom Green Point Common, einer großflächigen Grünfläche mit Sporteinrichtungen. Der Neubau des zur Fußball-WM 2010 errichteten Cape Point Stadiums mit dem dazugehörigen Park hat das gesamte Areal verändert. Unverändert geblieben ist der Flohmarkt, der hier seit vielen Jahren stattfindet. Besonders beliebt bei Joggern und Spaziergängern ist die kilometerlange Uferpromenade, die entlang der Atlantikküste vom Stadion bis nach Bantry Bay führt. Einkaufsmöglichkeiten finden sich auf der Main Road, im schönen Unterbezirk De Waterkant mit seinen bunten Häusern und Unterhaltungsmöglichkeiten sowie im Einkaufszentrum Cape Quarter, das elegante Einrichtungsgeschäfte, Modeboutiquen und einige Gastronomieangebote beherbergt.

SEHENSWERTES
Cape Town Stadium
In dem zur Fußball-WM errichteten Stadion finden heute neben Fußballspielen auch Konzerte von internationalen Stars sowie politische und andere Großveranstaltungen statt. Weil eine regelmäßige Nutzung jedoch nicht ge-

geben ist, ein langfristiges Konzept fehlt und die Instandhaltung jährlich Millionen verschlingt, werden immer wieder Rufe laut, das Stadion wieder abzureißen.

Ein Besuch des Stadions, insbesondere bei Spielen der Nationalmannschaft, ist dennoch ein besonderes Erlebnis. Die gute Laune der sportbegeisterten Südafrikaner, die mit ihren Gesängen und Vuvuzelas für Stimmung sorgen, ist mitreißend. An veranstaltungsfreien Tagen werden geführte Besichtigungen angeboten.

Fritz Sonnenberg Road | www.cape townstadium.capetown.gov.za | Di–Sa 10, 12, 14 Uhr | 45 Rand, Kinder 17 Rand

Green Point Lighthouse

Der bereits 1824 in Betrieb genommene rot-weiße Leuchtturm ist der älteste Südafrikas. Errichtet wurde er von Hermann Schütte, einem Steinmetz aus Norddeutschland. Bis heute ist der Leuchtturm mit seinen hellweißen Lichtsignalen und dem Nebelhorn im Einsatz.

100 Beach Road, Mouille Point | Mo–Fr 10–15 Uhr | 16 Rand, Kinder 8 Rand

ÜBERNACHTEN

Cape Standard

Gut und günstig – Das in einer ruhigen Sackgasse gelegene Boutique-Hotel ist ein gelungener Mix aus modern durchgestyltem Beachhouse und gemütlichem Gästehaus mit traditionell afrikanischen Elementen. Das Preis-Leistungs-Verhältnis des Stadthotels ist überdurchschnittlich gut.

Romney Road | Tel. 0 21/4 30 30 60 | www.capestandard.co.za | 9 Zimmer | €–€€

ESSEN UND TRINKEN

RESTAURANTS

Anatoli

Türkisch – Das in einem 120 Jahre alten viktorianischen Haus untergebrachte traditionelle Restaurant ist wie ein kleines Stück Istanbul im südlichen Afrika. An den Wänden hängen orientalische Teppiche, alte Gemälde und traditionelles Kunsthandwerk. Zur Vorspeise gibt es warme und kalte Mezze mit frisch gebackenem Brot. Wer nach den köstlichen Vorspeisen noch hungrig ist, sucht sich ein warmes Gericht an der offenen Theke aus. Zur Auswahl stehen authentische Fleischgerichte in würzigen Saucen, Kebab-Spieße und ein wechselndes vegetarisches Gericht.

24 Napier Street | Tel. 0 21/4 19 25 01 | www.anatoli.co.za | 18–23 Uhr | €€

CAFÉS

Giovanni's

Das italienische Café ist vor allem für seine exzellenten Kaffeespezialitäten bekannt. Für viele gibt es hier den besten Cappuccino der Stadt. Außerdem werden italienische und andere feine Delikatessen angeboten. Mit einigen der Spezialitäten kann man sich auch ein Sandwich befüllen lassen.

103 Main Road | Tel. 0 21/4 34 68 93

EINKAUFEN

EINKAUFSZENTREN

Cape Quarter

Das im historischen Bezirk De Waterkant liegende gehobene Einkaufsviertel versammelt schicke Modeboutiquen, Einrichtungsgeschäfte, Antiquitätenhändler und Juweliere. Außerdem gibt es eine gute Auswahl an trendigen Ca-

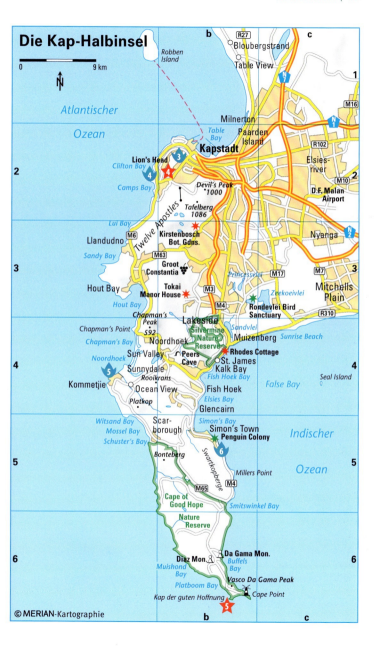

fés und Restaurants, die zum gemütlichen Verweilen einladen.
27 Somerset Road | www.capequarter.co.za | Mo–Fr 9–18, Sa 9–16, So 10–16 Uhr

MÄRKTE
Green Point Flea Market
Jeden Sonntag findet auf dem Parkplatz des Stadions Kapstadts größter Flohmarkt statt. Hunderte von Marktständen bieten afrikanisches Kunsthandwerk, Kleidung, Antiquitäten und jede Menge kitschige Souvenirs an. Feilschen gehört hier dazu.
Cape Town Stadium Parkplatz | So 8–17 Uhr

SEA POINT ▶ Klappe hinten, a 4
13 500 Einwohner

Das zentral gelegene Sea Point gilt als der am dichtesten besiedelte Stadtteil außerhalb der Townships und gehört mit seinen vielen Hochhäusern aus den 60er- und 70er-Jahren nicht gerade zu den schönsten Flecken der Mother City. Dennoch gibt es auch hier hübsche Plätze wie die kilometerlange Uferpromenade. Einen Strand gibt es auch, allerdings ist dieser wegen der Strömung und der Felsen nicht zum Schwimmen geeignet. Zum Baden laden jedoch Rockpools zwischen den Felsen und das beliebte Freibad ein.

> ### Sonnenuntergang vom Signal Hill
> So sieht ein schöner Tagesausklang aus: Picknick auf dem Signal Hill mit kühlem Wein und Blick über den Ozean und die Lichter der Stadt (▶ S. 13).

SEHENSWERTES
Signal Hill
Die zum Tafelbergmassiv gehörende Bergkette umschließt die Stadtteile Green Point und Sea Point und geht in den benachbarten Lion's Head über. Früher war die 350 m hohe Erhebung deshalb auch unter dem Namen Lion's Rump (Rumpf des Löwen) bekannt. Wie sein Name verrät, wurde der Berg in früheren Zeiten als Signalposten für Schiffe genutzt. Auch heute noch wird täglich außer sonntags um 12 Uhr die Kanone abgefeuert, die unterhalb des Gipfels am Hang steht. Im Gegensatz zum Tafelberg und Lion's Head ist der Signal Hill bis zum Gipfel mit dem Auto befahrbar.

🕐 Kommen Sie zum Sonnenuntergang und genießen Sie den Blick auf Robben Island, die Tafelbucht und das Lichtermeer der Stadt.
Signal Hill Road, Table Mountain National Park

ÜBERNACHTEN
O on Kloof
Elegant gestylt – Das schicke Boutique-Hotel ist von außen in coolem Schwarz gehalten, innen besticht es mit lichtdurchfluteten, offen gestalteten Räumen in modernem Design. Eingecheckt wird auf den gemütlichen Sesseln in der Lobby, in der sich auch eine Bar und eine kleine Bibliothek befinden. Jedes Zimmer ist individuell gestaltet und mit hochwertigen Designmöbeln ausgestattet. Zu den Suiten gehört ein eigenes Sonnendeck mit Hängematte und Jacuzzi.
92 Kloof Road | Tel. 0 21/4 39 20 81 | www.oonkloof.co.za | 6 Zimmer, 2 Suiten | €€

Großartiges Panorama: der Blick auf den Lion's Head und Tafelberg vom Signal Hill. Der Signal Hill (▶ S. 90) ist abends als Picknick-Spot bei den Captonians besonders beliebt.

ESSEN UND TRINKEN
La Mouette ▶ S. 29

Osumo
Gesund und lecker – In dem kleinen Schnellrestaurant gibt es eine gute Auswahl an gesunden Snacks wie Quinoa-Salat, Reisnudeln und Wraps mit frischem Gemüse auf die Hand, außerdem frische Säfte und Smoothies. Ein guter Frühstücksersatz ist der Smoothie »Dr. Breakfast«.
Da Luz Mall | Regent Street | www.osumo.co.za | Mo–Sa 7.30–19, So 7.30–17 Uhr | €

KULTUR UND UNTERHALTUNG
Harvey's at Winchester Mansions
Im stilvollen Restaurant des Hotels Winchester Mansions findet jeden Sonntag ein Jazzbrunch statt. Lokale und international bekannte Jazzmusiker treten dann im schönen Innenhof auf. Die kulinarische Begleitung kommt vom deutschen Chefkoch Jochen Riedel. Am Abend ist die Terrasse mit Meerblick ein beliebter Treffpunkt zum Sundowner.
221 Beach Road | Tel. 0 21/4 34 23 51 | www.winchester.co.za | Brunch So 11–14 Uhr | 270 Rand

AKTIVITÄTEN

Sea Point Swimming Pool

Das unmittelbar an der Atlantikküste gelegene Freibad gilt vielen Besuchern als eines der schönsten Schwimmbäder der Welt. An windigen Tagen peitschen die Wellen gegen die Außenwände und bieten ein eindrucksvolles Naturspektakel. Zu den Einrichtungen gehören ein großzügiger Pool, ein Becken für Kunstspringer sowie zwei Planschbecken für Kinder.

Lower Beach Road | 9–17 (Winter), 7–19 Uhr (Sommer) | 20 Rand, Kinder 10 Rand

CLIFTON ▶ S. 89, a 2

500 Einwohner

Der kleine Nobelvorort ist für seine schönen Strände und exklusiven Villen in außergewöhnlicher Hanglange bekannt. Die feine Sandbucht ist von Felsen geschützt und in vier Strandabschnitte unterteilt. Ähnlich wie in Camps Bay treffen sich auch hier die Reichen und Schönen der Stadt und präsentieren ihre braun gebrannten athletischen Körper. Wer die windgeschützten Trendstrände besuchen möchte, erreicht sie über die von der Victoria Road abgehenden Treppen (fünf Zugänge, je nach Strandabschnitt). Parkplätze sind nur begrenzt verfügbar, in der Hauptsaison empfiehlt es sich deshalb, bei einem Badeausflug tagsüber auf öffentliche Verkehrsmittel zurückzugreifen.

SEHENSWERTES

Lion's Head

Eine Wanderung auf den kegelförmigen majestätischen Berg gehört zu den besten Attraktionen der Stadt. Der stellenweise steile Aufstieg auf den 669 m hohen Felsen wird mit spektakulären Panoramaaussichten auf die Stadt, Robben Island und die Kap-Halbinsel belohnt.

🕐 Wer das Beste vom Tag und der Nacht mitnehmen möchte, kann es den Einheimischen gleichtun und den Berg bei Vollmond erklimmen.

Table Mountain National Park, Zugang über Signal Hill Road

ESSEN UND TRINKEN

The Bungalow

Essen mit Sundowner – Schönes Restaurant mit großer Terrasse, die tolle Aussichten auf Camps Bay und den Atlantik bietet. Auf den gemütlichen Loungesofas lässt es sich wunderbar entspannen und das ausgezeichnete Essen genießen. Auch die Getränkeauswahl mit erlesenen Weinen und ausgefallenen Cocktailkreationen kann sich sehen lassen. Abends dröhnt Loungemusik aus den Boxen, und die Stimmung ist ausgelassen. Hier lohnt sich der Besuch auch nur auf einen Sundowner an der Bar.

Glen Country Club, 3 Victoria Road | Tel. 0 21/4 38 20 18 | www.thebungalow.co.za | €€€

CAMPS BAY ▶ S. 89, a 2

2800 Einwohner

Mit seiner traumhaften Lage, seinem feinen Sandstrand, den exklusiven Villen und einer lebhaften Flaniermeile gilt der noble Vorort als die Copacabana Afrikas. Malerisch schmiegt er sich an die majestätische Bergkette der Zwölf Apostel, über ihm thronen die zum Massiv des Tafelbergs gehörenden Berge Lion's Head und Signal Hill, und vor dem weißen Sandstrand rauscht

> **Joggen entlang der Atlantikküste**
>
> Für den sportlichen Moment mit Ausblick bietet sich eine schöne Strecke von Camps Bay nach Bantry Bay und zurück an, Frühstück an der Promenade inbegriffen (▶ S. 13).

der türkisfarbene Atlantik. An der Strandpromenade flanieren auffallend gut aussehende Menschen, in den vielen Cafés und Restaurants versammelt man sich, um mittags seinen Cappuccino oder abends einen Sundowner zu schlürfen. An der Strandpromenade reihen sich gemütliche Cafés und Restaurants aneinander, die herrliche Ausblicke auf die Bucht bieten. Von einfachen Gerichten auf die Hand bis zu exquisiten Speisen findet sich hier ein breites kulinarisches Angebot unterschiedlicher Preiskategorien. Auch Einkaufsmöglichkeiten sind vorhanden. Auf einem kleinen Markt am Anfang der Promenade verkaufen lokale Straßenhändler außerdem landestypische Souvenirs.

SEHENSWERTES

Camps Bay Beach

Der mit Palmen gesäumte Sandstrand gehört zu den schönsten der Region und ist die größte Strandbucht der Stadt. Das besondere Licht und die schöne Szenerie haben den halbmondförmigen Strand nicht nur bei Touristen und Einheimischen beliebt gemacht, sondern auch bei vielen Agenturen und Filmcrews, die hier ihre Werbespots drehen. Der Zugang

Fast schon karibisch wirkt der Camps Bay Beach (▶ S. 93) mit seinen Palmen, weißem Sand und abgeschliffenen Felsbrocken. Hier trifft man sich gerne auf einen Sundowner.

ist viel einfacher als am benachbarten Clifton Beach. Am Strandende gibt es einen Felsenpool, der geschützt von den Meeresströmungen ein sicheres Baden ermöglicht.

ÜBERNACHTEN

1 The Grange 👨‍👧

Familienfreundlich – Das moderne Ferienhaus befindet sich in einer ruhigen Seitenstraße rund 300 m vom Meer entfernt und bietet zwei angenehme Apartments für je zwei bis sechs Personen. Von den Zimmern und Terrassen hat man einen herrlichen Blick auf das Meer oder die umliegenden Berge. Im schönen Garten befindet sich ein Pool. Vom deutschen Besitzer Klaus Walther erhalten Gäste wertvolle Tipps und hilfreiche Unterstützung bei der weiteren Reiseplanung.

1 The Grange | Tel. 0 83/3 26 58 35 | www.1thegrange.com | 2 Apts. | €€

Ocean View Guest House

Stilvoller Ökotourismus – Die ebenfalls von einem deutschen Inhaber geführte stilvolle Herberge besteht aus mehreren Häusern und ist umgeben von einem traumhaften Garten. Sie liegt im angrenzenden Stadtteil Bakoven. Alle Zimmer sind individuell im modern-afrikanischen Stil eingerichtet. Als Gründungsmitglied des Projektes »Responsible Tourism« setzt sich der Hausherr für einen verantwortungsbewussten Umgang mit der Natur ein und hat sich den Prinzipien des Ökotourismus verpflichtet.

Bakoven | 33 Victoria Road | Tel. 0 21/4 38 19 82 | www.oceanview-house.com | 14 Zimmer, 18 Apts. | €€

Das beliebte Szenerestaurant Paranga (▶ S. 95) im Vorort Camps Bay ist ein Treffpunkt nicht nur von Fischliebhabern und ist ideal zum Sehen und Gesehen werden.

The Glen Apartments
Ruhige Lage – Die moderne Apartmentanlage grenzt an den gleichnamigen idyllischen Pinienwald und liegt damit in einer der ruhigsten Gegenden von Camps Bay. Die unterschiedlich großen Apartments und Studios bieten mit bis zu drei Schlafzimmern Platz für zwei bis sechs Personen. Großzügige Fensterfronten ermöglichen eine gute Sicht auf das Meer, den Lion's Head oder die Zwölf Apostel.

Chilworth Road | Tel. 0 21/4 38 00 29 | www.theglenapartments.co.za | 5 Studios, 10 Apts. | €€

The Marly 🚩
Großartige Ausblicke – Versteckt an der Strandpromenade von Camps Bay über diversen Cafés und Restaurants gelegen, befindet sich das neue Boutique-Hotel mit luxuriös ausgestatteten Suiten. Von den Zimmern mit Meerblick bietet sich ein grandioser Blick auf den hellen Sandstrand. Auch die Aussicht von den Zimmern der Kategorie Mountain-Facing auf die Bergkette der Zwölf Apostel ist durchaus beeindruckend.

201 The Promenade, Victoria Road | Tel. 0 21/4 37 12 87 | www.themarly.co.za | 11 Suiten | €€€€

ESSEN UND TRINKEN
RESTAURANTS
Paranga
Stylish mit Blick – Das Restaurant liegt in bester Lage an der Strandpromenade und serviert exzellente Fisch- und Fleischspezialitäten. Aber nicht nur das Essen ist hier eine Empfehlung wert, sondern auch die Cocktails. Hier treffen sich Einwohner und Besucher der Stadt zum stilvollen Lunch oder Dinner. Um einen Platz im offenen Bereich mit schönem Blick auf die Bucht zu bekommen, sollten Sie vor allem in den Sommermonaten schon Tage vorher einen Tisch reservieren.

Victoria Street | Tel. 02 1/4 38 04 04 | €€€

The Codfather
Fisch im Fokus – Frischen Fisch gibt es in vielen Restaurants der Kap-Region. Was hier jedoch besonders ist, ist die Glastheke mit ihrer großen Auswahl an Hummern, Garnelen, Calamari und lokalen Fischspezialitäten. Alles wird in rohem Zustand begutachtet und ausgesucht. Wenige Minuten später kommen gusseiserne Pfannen mit frisch gegrillten Fischspezialitäten auf den Tisch. Die Beilagen sind einfach, nichts soll vom Geschmack der unterschiedlichen Fischsorten ablenken. Ein Genuss ist auch der leckere Brownie zum Dessert.

37 The Drive | Tel. 0 21/4 38 97 82 | www.codfather.co.za | €€€–€€€€

Umi 🚩
Japanisch mit Aussicht – Der Name des neu eröffneten Restaurants ist hier Programm, denn Umi bedeutet so viel wie Meer auf Japanisch. Auf der Karte stehen authentische Sushi- und Fischspezialitäten der modernen japanischen Küche. Frisch zubereitet kommen die größeren und kleineren Gerichte wie beim Tapas-Essen nacheinander auf den Tisch. Mittags und am frühen Abend kann man den schönen Ausblick auf den Hafen genießen.

201 The Promenade, Victoria Road | Tel. 0 21/4 37 18 02 | www.umirestaurant.co.za | €€€€

CAFÉS

Café Caprice

Das trendige Café gehört seit vielen Jahren zu den Top-Locations der Stadt. Sonntagabends drängen sich innen und außen Scharen von Partygängern. Nicht nur die Mitarbeiter sehen hier auffallend gut aus, sondern auch das Publikum ist überdurchschnittlich attraktiv. Neben vielen jungen Leuten zieht das Café auch Künstler, Schauspieler, Models und Sportler an. Von Donnerstag bis Sonntag sorgen DJs für die richtige Stimmung am Abend.

37 Victoria Road | Tel. 0 21/4 38 83 15 | www.cafecaprice.co.za

EINKAUFEN

The Promenade

In dem kleinen Einkaufszentrum an der Strandpromenade finden sich umringt von Restaurants und Eisdielen neben kleineren Shops und Boutiquen auch Ärzte, Beautysalons, ein Friseur, das Postamt und ein Supermarkt.

Victoria Road

KULTUR UND UNTERHALTUNG

Theatre on the Bay

Wer Lust auf eine kulturelle Abwechslung hat oder sich bei nicht so gutem Wetter die Zeit vertreiben möchte, sollte dem kleinen Theater mit 250 Plätzen in Strandnähe einen Besuch abstatten. Die lokalen und internationalen Aufführungen bieten ein abwechslungsreiches Programm mit Dramen, Komödien, Musicals und Tanz an. Außerdem gibt es Konzert-Veranstaltungen.

Im gemütlichen Café oder in der Bar kann man den Abend beschließen.

1 Link Street | www.theatreonthebay.co.za

SERVICE

AUSKUNFT

CBT – Camps Bay Tourism

69 Victoria Road | Tel. 0 21/4 37 97 38

Weitere Informationen zu Unterkünften, Aktivitäten und mehr finden Sie auch auf der deutschen Website www.camps-bay.de

Ziele in der Umgebung

LLANDUDNO ▶ S. 89, a 3

570 Einwohner

Der kleine Villenort ist vor allem für seinen schönen Strand bekannt. Im Gegensatz zu Camps Bay und den anderen Vororten gibt es jedoch keinerlei Cafés und Restaurants, weshalb es wesentlich ruhiger und weniger belebt ist.

10 km südl. von Camps Bay

HOUT BAY ▶ S. 89, a 3

50 000 Einwohner

Der ehemals kleine und verschlafene Fischerort ist malerisch zwischen Bergen an der gleichnamigen Bucht gelegen und befindet sich ungefähr auf halber Strecke zwischen Kapstadt und dem Kap der Guten Hoffnung. In den letzten Jahren hat sich der Küstenort zu einem der beliebtesten Wohngebiete rund um Kapstadt und auch zu einem attraktiven Zwischenstopp für Touristen gemausert. Der schöne Sandstrand ist von Dünen umgeben. Der Fisch ist fangfrisch und kann direkt von den am Hafen eintreffenden Kuttern gekauft oder in einem der vielen Restaurants und Fischbuden rund um das Hafenbecken genossen werden. Lokale Unternehmen bieten an der Mariner's Wharf (einer kleinen Ausgabe der Victoria & Alfred Waterfront) Schiffstou-

Ab Hout Bay kann man Bootstouren nach Duiker Island (▶ S. 97) buchen. Die kleine felsige Insel, auf Afrikaans Duikereiland genannt, beherbergt Tausende von Seelöwen.

ren zur nahe gelegenen Duiker Island (auch Seal Island genannt) an, auf der mehrere Tausend Pelzrobben leben. Ein paar von ihnen tummeln sich aber auch im Hafenbecken und sind eine beliebte Touristenattraktion. In Hout Bay zeigen sich wie in kaum einem anderen Ort aber auch die sozialen Gegensätze des Landes: Die rasant wachsende Township Imizamo Yethu, in der Einheimische und Einwanderer in Holz- und Blechhütten leben, grenzt direkt an die Luxushäuser der wohlhabenden (meist weißen) Bewohner des Küstenortes. Geführte Besichtigungen werden angeboten. Ihr Erlös kommt in der Regel sozialen Projekten zugute.

SEHENSWERTES
World of Birds 🕴

Im größten Vogelpark des Landes gibt es mehr als 3000 Vögel und andere Tiere zu bestaunen. Besucher wandern in dem an der Rückseite des Tafelbergmassivs gelegenen Park durch mehr als 100 Vogelhäuser und werden dabei von einem heiteren Vogelkonzert begleitet.
Valley Road | Tel. 0 21/7 90 27 30 | www.worldofbirds.org.za | tgl. 9–17 Uhr | 85 Rand, Kinder 40 Rand

MUSEEN UND GALERIEN

Hout Bay Museum

Das Museum zeigt eine Ausstellung zur Geschichte und Entwicklung der Stadt von ihren Anfängen über die Besiedlung durch die Holländer und Engländer im 17. und 19. Jh. bis zu ihrem Status heute. Außerdem ist der Bau der spektakulären Küstenstraße Chapman's Peak (▶ S. 99) dokumentiert.

4 Andrews Road | tgl. 10–12.30 und 14–16.30 Uhr | 5 Rand, Kinder 2 Rand

ÜBERNACHTEN

Cube Guest House

Komfortable Ausstattung – Das charmante Gästehaus liegt in einem Villenviertel am Hang mit tollem Blick auf die Berge und das Meer. Die Gästezimmer sind modern und komfortabel ausgestattet. Das Haus wird von zwei Hamburgern geführt, die 2011 nach Südafrika ausgewandert sind und sich mit ihrem Gästehaus einen Lebenstraum erfüllt haben.

20 Luisa Way | Tel. 0 72/0 53 50 38 | www.cube-guesthouse.com | 6 Zimmer | €–€€

ESSEN UND TRINKEN

Fish on the rocks

Alles, was schwimmt – In der rustikalen Fischbude gibt es frischen Fisch wie den in der Kap-Region weit verbreiteten »snoek« oder Fish and Chips auf die Hand zu günstigen Preisen.

Am Ende der Harbour Road | Tel. 0 21/790 37 13 | www.fishontherocks.co.za | €

Quentin at Oakhurst

Traditionell und beliebt – Das urige Restaurant ist in einer alten Scheune der Oakhurst Farm aus dem 18. Jh. untergebracht und bei Einheimischen sehr beliebt. Chefkoch Quentin Spicknel hat sich auf traditionelle Kap-Gerichte spezialisiert, die durch ausgefallene Zutaten einen modernen Twist erhalten. Zu seinen Spezialitäten gehören Gerichte wie Butternutkürbis-Linsen-Bobotie mit Safran-Reis und Bananen-Sambal oder ein ostafrikanisches Garnelencurry mit Kokos, Limone und Cashewnüssen.

Main Road | Tel. 0 21/7 90 48 88 | www.oakhurstbarn.com | Di–Sa 18–23, Sa–So Frühstück 9–12, So Lunch 13–16 Uhr | €€–€€€

EINKAUFEN

Bay Harbour Market

Am Wochenende findet in der alten Fischhalle des Hafens eine Mischung aus Handwerks- und Spezialitätenmarkt statt. Lokale Händler bieten schöne Wohnaccessoires, selbst genähte Kleidungsstücke, handgearbeiteten Schmuck und originelle Mitbringsel für zu Hause an. Kaum ein Besucher kommt an den Essensständen vorbei, ohne etwas von den leckeren Spezialitäten und Köstlichkeiten zu probieren.

31 Harbour Road | www.bayharbour.co.za | Fr 17–21, Sa–So 9.30–16 Uhr

AKTIVITÄTEN

The Cape Tour

Der in Hout Bay ansässige sympathische Tourguide Brian Smith bietet private Rundfahrten, auch mit dem Allradwagen, zu den beliebtesten Sehenswürdigkeiten wie dem Kap der Guten Hoffnung, den Botanischen Gärten von Kirstenbosch oder in die Winelands an. Individualisten können

sich außerdem maßgeschneiderte Touren zusammenstellen lassen.
Tel. 0 84/7 78 96 29 | www.thecapetour.com

Ziele in der Umgebung

◎ CHAPMAN'S PEAK ▶ S. 89, a 4

Der 9 km lange Chapman's Peak Drive schlängelt sich von Hout Bay bis Noordhoek und gehört zu den spektakulärsten Straßen der Welt. Vom gleichnamigen Aussichtspunkt, der 160 m hoch auf halber Strecke liegt, hat man einen wunderbaren Blick auf die Bucht von Hout Bay.

Von 1915 bis 1922 wurde die Strecke unter teilweise lebensgefährlichen Bedingungen von Sträflingen erbaut. Seinen Namen verdankt der Chapman's Peak dem englischen Seemann John Chapman, der 1607 in Hout Bay an Land ging. Als Folge von massiven Steinschlägen und tödlichen Unfällen wurde die Straße 2000 gesperrt und erst nach umfangreichen Sanierungsmaßnahmen 2004 als Mautstraße wiedereröffnet. Zahlreiche Werbeaufnahmen und -filme vor allem für Automarken sind hier entstanden.

14 km südl. von Hout Bay | www.chapmanspeakdrive.co.za | Mautgebühr 25 Rand

Strandspaziergang am Long Beach

Der längste Strand der Kap-Halbinsel ist angenehm ruhig, die umliegende Landschaft spektakulär. Surfer, Kiter und Wellenreiter sind begeistert (▶ S. 14).

Der Chapmans Peak Drive (▶ S. 99) ist die abenteuerliche Küstenstraße zwischen Hout Bay und Noordhoek. Wer die mehr als 100 Kurven befahren will, muss Maut zahlen.

NOORDHOEK ▸ S. 89, a 4

15 000 Einwohner

Der ruhige Küstenort liegt eingebettet im Grünen unterhalb des Chapman's Peak und ist beliebt bei Naturliebhabern und Ruhesuchenden. Bekannt ist Noordhoek vor allem für seinen endlos wirkenden, feinen Sandstrand, den 8 km langen Long Beach. Zum Baden ist das Wasser zu kalt, und es herrscht eine starke Strömung, aber er ist ideal für lange Spaziergänge oder Reitausflüge (▸ S. 44), die von mehreren Reiterhöfen angeboten werden. Ansonsten besteht der Ort aus schönen Wohn- und Ferienhäusern sowie einigen Restaurants, Cafés und Kunsthandwerkgeschäften. Herrliche Wanderwege durch das zum Table Mountain Nature Reserve gehörende Naturschutzgebiet erweitern den ländlichen Küstenort.

SEHENSWERTES

Noordhoek Farm Village

Das familienfreundliche Dorf bietet ländlichen Charme unter schattigen Eichen. Es beherbergt verschiedene Gastronomieangebote, eine Bäckerei, ein Gartencenter, mehrere Geschäfte, ein Öko-Boutique-Hotel sowie das Tourismusbüro.

Village Lane (am südl. Eingang des Chapman's Peak Drive) | www.noordhoekvillage.co.za

ESSEN UND TRINKEN

The Foodbarn

Auch für Vegetarier – Im gemütlichen Farmrestaurant des französischen Spitzenkochs Franck Dangereux (ehemaliger Küchenchef des Gourmettempels La Colombe in Constantia) stehen sowohl feine Menüs als auch Gerichte à la

30 m hoch ragt der stählerne Slangkop (▸ Schlangenkopf, S. 101) Leuchtturm über Kommetjie auf. Seit 1919 leuchtet er mit vier Blitzen alle 30 Sekunden den Schiffen den Weg.

carte zur Auswahl. Einfachere Speisen gibt es im dazugehörigen Deli, das abends Tapas serviert.
Nordhooek Farm Village, Ecke Village Lane/Noordhoek Main Road | Tel. 0 21/ 7 89 13 90 | www.thefoodbarn.co.za | €€–€€€

EINKAUFEN
Cape Point Vineyards Community Market
Jeden Donnerstagabend im Sommer findet der lokale Dorfmarkt im idyllisch gelegenen Cape Point Weingut statt. An kleinen Ständen werden süße Kuchen und Desserts, orientalische Fladenbrote, Käsespezialitäten und vieles mehr angeboten.
www.cpv.co.za/community-market | Do 16.30–20.30 Uhr

Ziele in der Umgebung

◎ KOMMETJIE ▶ S. 89, a 4
3000 Einwohner

Kommetjie ist ein kleiner behaglicher Ort an der Atlantikküste, der sich dem Schutz seiner umliegenden Natur verpflichtet hat. Die ältesten Häuser sind von 1900 und stehen unter Denkmalschutz. Daneben stehen moderne Häuser, von denen viele als Wochenenddomizil genutzt werden. Von hier aus gibt es auch einen Zugang zum traumhaften Long Beach. An der Küste befinden sich mehrere Schiffswracks.
11 km südl. von Noordhoek

SEHENSWERTES
Slangkop Lighthouse
In der Nacht wird der ruhige Küstenort vom hellen Strahl des 1919 erbauten weißen Leuchtturms erhellt.
Mo–Fr 10–12, 12.30–15 Uhr

Noordhoek – Muizenberg | 101

MUIZENBERG ▶ S. 89, b 4
40 000 Einwohner

Rund 25 km südlich von Kapstadt liegt Muizenberg als erster Ort an der False Bay. Ende des 19. Jh. entwickelte es sich zu einem vornehmen Seebad, das die wohlhabende Oberschicht von Kapstadt anzog. Auch Cecil Rhodes, ein britischer Imperialist mit kühnen Visionen und der früherer Premierminister der Kap-Region, baute sich ein prachtvolles Haus im viktorianischen Stil nahe dem Meer. Die bunten Umkleidekabinen am Strand zeugen noch von dieser Ära und sind heute ein beliebtes Fotomotiv. Leider werden sie nicht tageweise, sondern nur saisonweise vermietet und sind meistens ausgebucht. Der weitläufige Strand bietet mit seinem flach abfallenden Sand und einem gemäßigten Wellengang ideale Badebedingungen auch für Kinder. Während der Saison lassen sich an der Küste zwischen Simon's Town und Muizenberg mit etwas Glück die vorbeiziehenden Wale beobachten.

SEHENSWERTES
Boyes Drive
Die schönere Alternative zur M 4 Küstenstraße beginnt kurz vor Muizenberg und endet in Kalk Bay. Die Straße schlängelt sich entlang der Berghänge und ermöglicht spektakuläre Aussichten auf die False Bay.

Rondevlei Nature Reserve
Um den runden Lagunensee des Naturreservats versammeln sich mehr als 230 verschiedenen Vogelarten, außerdem sind hier Flusspferde zu finden.
Nordöstl. von Muizenberg | Zugang über Perth Road (Grassy Park)

Silvermine Nature Reserve

Mit seinen schönen Wanderwegen, Mountainbike-Strecken und Picknickplätzen ist das zum Tafelberg Nationalpark gehörende Naturreservat nicht nur bei Touristen, sondern auch bei Kapstädtern ein beliebtes Ausflugsziel.

Zugang über Oude Kaapse Weg (M 64) | www.sa-venues.com

Ziele in der Umgebung

KALK BAY ▶ S. 89, b 4
700 Einwohner

In dem beliebten Fischerdorf an der False Bay haben sich in den letzten Jahren viele Antiquitätenläden, Kunstgalerien, Modeboutiquen und Restaurants angesiedelt, die einen Besuch lohnen. Zu den weiteren Attraktionen gehört der Hafen, an dem Besucher den Fischern beim Entladen ihrer Boote zuschauen können. Der fangfrische Fisch wird hier auch gleich zum Verkauf angeboten.

4 km südl. von Muizenberg

ESSEN UND TRINKEN

Harbour House

Vom Wasser auf den Teller – Das renommierte Fischrestaurant befindet sich in bester Lage am Hafen und serviert fangfrische Fischspezialitäten. Zu den Spezialitäten des Hauses gehören »cape crayfish« (lokale Langustenart), Riesengarnelen aus Mosambik und Calamari. Näher am Wasser als hier lässt es sich nicht speisen.

Kalk Bay Harbour | Tel. 0 21/7 88 41 33 | www.harbourhouse.co.za | €€–€€€

ST. JAMES BEACH ▶ S. 89, b 4
500 Einwohner

Der kleine Badeort zwischen Muizenberg und Kalk Bay ist ebenfalls für seine schönen bunten Umkleidekabinen aus viktorianischer Zeit bekannt, die ein bekanntes Fotomotiv sind. Ein sicheres Baden, auch für Kinder, ermöglicht der Gezeitenpool.

3 km südl. von Muizenberg

SIMON'S TOWN ▶ S. 89, b 5
7000 Einwohner

Die historische Küstenstadt ist malerisch an der False Bay gelegen und wurde nach Simon van der Stel, dem ersten Gouverneur der Kap-Region, benannt. Wegen seiner windgeschützten Lage wurde Simon's Town im 18. Jh. zum winterlichen Ankerplatz der Niederländisch-Ostindischen Kompanie, denn der berüchtigte Nordwestwind ließ einige Schiffe in der Tafelbucht kentern. Im 19. Jh. diente der Hafen als Marinestützpunkt der britischen Royal Navy. In der Hauptstraße reihen sich historische Häuser aneinander, viele sind mehr als 150 Jahre alt. Die meisten Besucher kommen heute in die Stadt, um die am Boulders Beach lebende Pinguinkolonie zu besuchen. Eine gute Alternative zur Fahrt mit dem Auto ist die rund einstündige Zugfahrt von Kapstadt nach Simon's Town entlang der Küste, die spektakuläre Aussichten vor allem ab Muizenberg bietet.

> **Baden mit Pinguinen** 6
>
> Am Boulders Beach können Besucher die hier lebende Brillenpinguinkolonie nicht nur aus allernächster Nähe beobachten, sondern auch mit den drolligen Tieren schwimmen gehen (▶ S. 14).

Hervorragender Fang: Das frisch gefangene Meeresgetier wird im Fischerort Kalk Bay (▶ S. 102) an der False Bay direkt ab Schiff an Restaurants oder Privatpersonen verkauft.

SEHENSWERTES

Boulders Beach

Die zwischen gewaltigen Granitfelsen gelegenen Strandabschnitte gehören zu den schönsten der Kap-Region. Zum absoluten Besuchermagnet sind sie jedoch wegen der hier lebenden Brillenpinguine (Jackass Pinguine) geworden. Die Kolonie mit mehr als 2500 Pinguinen ist eine von nur drei auf dem Festland lebenden Kolonien im Land. Von Holzpfaden aus können die niedlichen Frackträger beobachtet werden.

Kleintuin Road | 7/8–17/18.30 Uhr (je nach Monat) | 60 Rand, Kinder 30 Rand

MUSEEN UND GALERIEN

Simon's Town Museum

Das Haus wurde 1777 von Gouverneur Joachim von Plettenberg als Wochenenddomizil errichtet, später diente es als Sklavenunterkunft, Hospital, Gericht und Gefängnis. Das Museum dokumentiert die bewegte Geschichte der Stadt, außerdem können die ehemalige Sklavenunterkunft und die Gefängniszelle besichtigt werden sowie die Ausstellung über Schiffswracks des Kaps.

The Residency, Court Road | www.simonstown.com/museum | Mo–Fr 10–14, Sa 10–13 Uhr

ÜBERNACHTEN

The Boat House

Liebevoll eingerichtet – Bed & Breakfast am Hang mit schönem Blick auf den Hafen. Zu den drei stilvollen Suiten mit Meer- oder Bergblick gehören eine Küche und ein Balkon. Das Frühstück ist hervorragend, hausgebackene Waffeln und Pfannkuchen können auf Wunsch dazu bestellt werden. Die Atmosphäre ist sehr persönlich, die Gastgeber freundlich und hilfsbereit.

Simonskloof | 25 Dolphin Way | Tel. 0 21/7 86 13 72 | www.aboathouse.co.za | 3 Suiten | €

ESSEN UND TRINKEN

The Black Marlin ▶ S. 28

⭐ KAP DER GUTEN HOFFNUNG ▶ S. 89, b 6

An der Spitze der Kap-Halbinsel liegt das legendäre Kap der Guten Hoffnung. Auf der Suche nach einem Seeweg nach Asien wurde es von Bartolomeu Dias als erstem Europäer im Jahr 1488 entdeckt. Seitdem ranken sich geheimnisvolle Geschichten, Tragödien und Sagen um den außergewöhnlichen Ort, den Seefahrer früher als Wendepunkt bezeichneten. Sobald das sturmanfällige und oft im Nebel versunkene Kap mit seinen unter Wasser liegenden Felsen umrundet war, hatten sie es geschafft. Die Schiffswracks zeugen jedoch von weniger glücklichen Fällen. Weil er in einen heftigen Sturm geriet, prägte Dias den früheren Namen Kap der Stürme. 1497 erreichte der Entdecker Vasco da Gama als nächster Europäer das Kap. Den beiden Seefahrern zu Ehren wurde das Dias Cross und Vasco da Gama Denkmal errichtet.

Das Kap der Guten Hoffnung ist umgeben von einem weitläufigen Naturschutzgebiet mit wunderschönen Landschaften. Die Aussichten vom Cape Point sind spektakulär. Entgegen der weitläufig verbreiteten Meinung treffen hier jedoch weder der Atlantische und Indische Ozean aufeinander, noch ist es der südlichste Punkt Afrikas. Beides trifft auf das 140 km weiter südöstlich gelegene Kap Agulhas zu, das ebenfalls einen Besuch lohnt.

SEHENSWERTES

Cape of Good Hope Nature Reserve 🚶

Seit 1936 steht das rund 8000 ha große Gebiet unter Naturschutz, 1998 wurde es in den Table Mountain National Park integriert. Die abwechslungsreiche Landschaft ist von einer einzigartigen Fynbosvegetation mit mehr als 1100 verschiedenen Pflanzenarten geprägt. Viele dieser Pflanzen sind nur hier zu finden. In dem weitläufigen Reservat können außerdem Strauße, Bergziegen, Zebras, Antilopen und Paviane beobachtet werden. Weil Letztere gerne Essensreste stibitzen, sollten Sie sich vor ihnen in Acht nehmen und die Autotüren geschlossen halten. Kleinere Strecken des Parks lassen sich über schöne Wanderwege erkunden. Mehrere Gezeitenpools laden zum sicheren Baden bei angenehmen Wassertemperaturen ein.

Cape Point Road | www.capepoint.co.za | Sommer 6–18, Winter 7–17 Uhr | 110 Rand, Kinder 55 Rand

Cape Point

200 m hoch ragen die Klippen des spektakulären Cape Point aus der

Brandung. Um zum südlichsten Punkt des Kaps der Guten Hoffnung zu gelangen, geht es zu Fuß über 125 Stufen oder per Zahnradbahn nach oben. Wer kann, sollte in jedem Fall laufen, da der Weg zur Spitze bereits grandiose Aussichten bietet. Oben angekommen, ist der Ausblick auf die False Bay und die tosende Brandung beeindruckend. Der auf dem Felsen thronende Leuchtturm wurde 1860 eingeweiht. Weil er zu oft im Nebel eingehüllt und dadurch für die Schiffe nicht sichtbar war, wurde 1914 (nachdem ein portugiesischer Liner hier gesunken war) mehr als 100 m tiefer ein weiterer Leuchtturm errichtet, dessen Licht gut 100 km weit reicht. Er ist bis heute der stärkste Leuchtturm an der südafrikanischen Küste. Über einen Pfad aus Holzstegen erreicht man in rund 30 Gehminuten das Kap der Guten Hoffnung. Hier ist auch die weit verbreitete Legende des Fliegenden Holländers entstanden, auf der Richard Wagners Oper basiert: Ende des 17. Jh. kämpft der holländische Kapitän Hendrik van der Decken gegen die mächtigen Stürme am Kap und fluchte dabei, dass ihm der Teufel helfen solle, wenn Gott es nicht tue. Ein heftiger Orkan soll daraufhin die Segel des Schiffes in Stücke zerrissen haben. Die Mannschaft und das Schiff blieben spurlos verschwunden und sollen seitdem am Kap spuken oder Seeleuten begegnen und Unglück bringen.

SERVICE
AUSKUNFT
Buffelsfontein Visitor Centre
Buffelsfontein | Tel. 0 21/7 80 92 04 | tgl. 9.30–17.30 Uhr

So sieht das Kap der Guten Hoffnung (▶ MERIAN TopTen, S. 104) von oben aus. Kap der Stürme, sein ursprünglicher Name, wäre treffender, wenn auch hoffnungsloser gewesen.

DIE RAUE WESTKÜSTE

Rau, aber ruhig: So lässt sich die touristisch etwas vernachlässigte Westküste charakterisieren. Die Strände sind herrlich, aber das Wasser meistens eiskalt. Gourmets wissen vor allem die in diesem Wasser lebenden Langusten sehr zu schätzen.

Kapstadts Westküste erstreckt sich von dem nur wenige Kilometer nördlich von Kapstadt gelegenen Milnerton bis nach Lamberts Bay, rund 250 km weiter im Norden. Auf dem Weg entlang dem Atlantik verändert sich nicht nur die Landschaft, die immer rauer wird, sondern auch die Atmosphäre und Betriebsamkeit auf den Straßen. Denn im Gegensatz zur Kap-Halbinsel oder der Garden Route ist das Gebiet viel weniger touristisch erschlossen.

ENDLOSE STRÄNDE UND WEISSE DÜNEN

Alles geht ein bisschen langsamer und ruhiger zu. Für viele Besucher macht gerade das den unwiderstehlichen Reiz der schroffen Westseite aus. Zu den besonderen Attraktionen der malerischen Westküste gehören wunderschöne, breite Strände mit feinem hellen Sand, die von Dünen

◀ Wildblumenteppich im Columbine Nature Reserve (▶ S. 112) bei Paternoster.

umgeben sind und an manchen Stellen endlos erscheinen. Selbst während der Hauptsaison ist es hier so angenehm ruhig, dass man an vielen Stellen das Gefühl hat, den Strand für sich allein zu haben. Ein ganz besonderes Erlebnis bietet sich im Frühling vor den Stränden von Yzerfontein und Paternoster: Von hier aus können die vorbeiziehenden Südlichen Glattwale und Buckelwale aus wenigen Metern Entfernung beobachtet werden.

FANGFRISCHER FISCH UND BEGEHRTE SPEZIALITÄTEN

Durch die kalte Benguela-Meeresströmung und den durch sie bedingten Planktonreichtum im Wasser sind die Bedingungen an der Westküste für den Fischfang ideal. Seit vielen Jahren ist er zusammen mit der Fischverarbeitung und ein wenig Tourismus die Haupteinnahmequelle der hier lebenden Bevölkerung. Zu den regionalen Spezialitäten gehören »crayfish« (eine Langustenart) und »snoek« (Makrelenart). Während der Saison kommen zahlreiche Restaurantbesitzer und Feinschmecker aus Kapstadt, um die fangfrischen Fischspezialitäten direkt von den voll beladenen Fischerbooten zu kaufen.

⭐ BLOUBERGSTRAND/ TABLE VIEW ▶ S. 89, b 1

20 000 Einwohner (beide Orte)

Der zentrumsnahe Küstenort Bloubergstrand ist vor allem wegen seiner Aussicht auf den Tafelberg berühmt. Von seinen kilometerlangen Stränden bietet das majestätische Bergmassiv perfekte Postkartenmotive. Der Name Blouberg stammt von dem bläulichen Dunstschleier, in dem der Tafelberg häufig erscheint. Im Abendlicht ist ein einmaliges Farbenspiel des Berges und Meeres zu sehen. Nur wenige Kilometer westlich liegt die ehemalige Gefängnisinsel **Robben Island** ⭐ vor der Küste, auf die man einen schönen Ausblick hat. Beliebt ist der Küstenort nicht nur bei Touristen, die zum Fotografieren oder Spazierengehen hier herkommen, sondern auch bei Wind- und Kitesurfern. Seit einigen Jahren werden auch nationale und internationale Wettbewerbe ausgetragen.

Das angrenzende Table View bietet viele Restaurants und Einkaufsmöglichkeiten. Der Ort ist vor allem bei jungen Familien beliebt. Am benachbarten Melkbosstrand ist der Strand besonders breit. Außerdem gibt es hier eine herrlich angelegte Golfanlage, den Atlantic Beach Golf Club.

ESSEN UND TRINKEN
On the rocks
Etabliertes Fischrestaurant – Tische und Bänke auf den Felsen direkt am Wasser. Auch bei schlechterem Wetter ermöglichen die Panoramafenster im Innenbereich des Restaurants einen schönen Ausblick auf das Meer, den Tafelberg und Robben Island. Zu den Spezialitäten des Hauses gehören neben diversen Fisch- und Fleischspezialitäten auch ausgefallene Kreationen wie Krokodil-Carpaccio.
45 Stadler Road | Tel. 0 21/5 54 19 88 | www.ontherocks.co.za | tgl. 9–22 Uhr | €€

YZERFONTEIN A2
1200 Einwohner

Der kleine Fischerort gehört zu den schönsten der Westküste und ist ideal für Ruhesuchende. Oberhalb der Küste reihen sich schicke Ferienhäuser und luxuriöse Villen mit traumhaften Aussichten auf die Küste aneinander. Der lange Strandabschnitt, Sixteen Mile Beach, der sich bis zum West Coast National Park erstreckt, ist der längste ununterbrochene Strandabschnitt der südafrikanischen Küste. Während der Walsaison lassen sich an verschiedenen Stellen die vorbeiziehenden Wale aus nächster Nähe beobachten. Das ganze Jahr geht es hier gediegen zu, zum Leben erwacht der verschlafene Ort jedoch in der »snoek«-Saison. Der kleine Hafen ist dann voller Fischerboote, die ihre Ware an Kapstädter Restaurantbesitzer, Großhändler und Gourmets verkaufen. Lautstark werden Preise und Stückzahlen verhandelt, bevor die Besucher aus der Stadt voll beladen mit frischem Fisch ihre Rückreise antreten.

ÜBERNACHTEN
Harbour View
Geschmackvoll – Selbstversorgerunterkunft in einer ruhigen Sackgasse mit tollem Blick auf die Küste. Die sechs Zimmer sind gemütlich eingerichtet und mit einer kleinen Küche ausgestattet. Vier Zimmer befinden sich im ersten und zweiten Obergeschoss und bieten atemberaubende Blicke auf das Meer und den endlosen Sixteen Mile Beach. Von allen Räumen können während der Walsaison die vorbeiziehenden Meeressäuger beobachtet werden.
8 Arum Street | Tel. 0 22/4 51 26 31 | www.harbourviewsc.co.za | 6 Zimmer und Suiten | €

AKTIVITÄTEN
Schaapeiland Hiking Trail
Der rund 2 km lange Wanderweg startet am Main Beach (Sixteen Mile Beach) und erstreckt sich entlang der Felsen bis zum weiter südlich gelegenen Hafen. Während der Wanderung lassen sich verschiedene Vogelarten beobachten, darunter Kormorane und die bedrohten »black oyster catcher« (Schwarze Austernfischer). Im Meer tummeln sich Robben, die immer wieder an der Oberfläche auftauchen, und während der Walsaison (Juli bis Nov.) kann man die beeindruckenden Meeressäuger von hier aus bestens erspähen. Der Weg passiert auch den Hafen, an dem nachmittags die ankommenden Fischerboote zu sehen sind. Das Ende des Wanderwegs befindet sich an der kleinen Halbinsel Schaapeiland, die bei Flut vom Festland abgeschnitten ist. Gemütliche Holzbänke laden zum Verweilen ein.

Die alte Bahnstation von Darling an der Westküste nördlich von Kapstadt. Heute ist sie Heimat für das Theater Evita se Perron (▶ S. 110) des Kabarettisten Pieter-Dirk Uys.

🕒 Im Frühling, wenn die Wale vorbeiziehen und die vielen Blumenarten am Wegesrand in voller Blüte stehen.

SERVICE
AUSKUNFT
Tourismusbüro Yzerfontein
46 Main Road | Tel. 0 22/4 51 29 85 |
www.yzerfonteintourism.co.za

Ziele in der Umgebung

◎ **DARLING** 🍃 A2
11 000 Einwohner

Im Frühling kommen Botaniker in der unweit der Westküste gelegenen und von Weinbergen umgebenen Kleinstadt auf ihre Kosten. Eine Vielzahl an Blumenarten verwandelt das Umland dann in ein buntes Blütenmeer. Im September ziehen die jährlich stattfindende »Wild Flower Show« und das Kulturfestival »Voorkamerfeest« zahlreiche Besucher an. Der Ort selbst punktet mit hübschen victorianischen Häusern abseits der Main Street. Der wohl bekannteste Einwohner Darlings ist der Komiker Pieter-Dirk Uys, der sich mit einem eigenen Theater hier niedergelassen hat.

27 km südöstl. von Yzerfontein

KULTUR UND UNTERHALTUNG

Evita se Perron

Bekannt geworden ist das kleine Theater, in dem maximal 50 Personen Platz finden, durch eine der berühmtesten Frauen des Landes: Evita Bezuidenhout. Die bunte Frauenfigur wird vom politisch engagierten Kabarettisten Pieter-Dirk Uys dargestellt. Zur Zeit der Apartheid ist der bekannte Komiker mit deutschen Wurzeln in die Rolle geschlüpft, um die Zensur zu umgehen und seine Politsatiren weiter aufführen zu können. Untergebracht ist das Theater im ehemaligen Bahnhof von Darling, daher kommt auch der Name »Evita se Perron«, der übersetzt so viel wie »Evitas Bahnsteig« heißt. Einen kleinen Kitschladen gibt es auch.

Old Darling Station, 8 Arcadia Street | Tel. 0 22/4 92 28 51 | www.evita.co.za

LANGEBAAN A2

9000 Einwohner

Der beliebte Ferienort grenzt an den West Coast National Park, zu dem der südliche Teil der 15 km langen Lagune gehört. Neben den vielen Besuchern, die wegen der Attraktionen im Park kommen, zieht Langebaan vor allem Wassersportler an. Am Strand versammeln sich Kitesurfer, deren bunte Schirme schon von Weitem zu sehen sind. Auch andere Wassersportaktivitäten wie Windsurfen, Kajakfahren und Wasserski sind beliebt. Im Ortsinneren finden sich einige gut ausgestattete Sportgeschäfte. Wer die weiße Ferienhausanlage Club Mykonos (www.clubmykonos.co.za, mit Casino, Minigolf, Bars und Restaurants) am Ortsausgang betritt, fühlt sich fast wie in Griechenland.

Die Lagune von Langebaan gehört teilweise zum West Coast National Park (▶ S. 111). Sie ist ideal zum Baden, bietet aber auch vielen Zugvögeln eine temporäre Heimat.

ÜBERNACHTEN

Langebaan Country Estate 👫

Mit Golfplatz – Familienfreundliches Landgut in schöner Umgebung und mit eigenem Golfplatz. Die großflächige Anlage bietet Self-catering-Golf-Suiten und Lodges, die modern und komfortabel eingerichtet sind und bis zu acht Personen Platz bieten.
1 Oostewal Road | Tel. 0 22/7 72 21 12 | www.langebaanestate.co.za | 40 Suiten, 6 Lodges | €–€€

> ### Braai – Grillen wie die Südafrikaner 7
> Viel Appetit auf Fleisch kann nicht schaden beim gesellschaftlichen Ereignis »braai«, dem südafrikanischen Pendant zum amerikanischen Barbecue (▶ S. 14).

ESSEN UND TRINKEN

Die Strandloper 👫

Einfach frisch – In dem rustikalen Open-Air-Restaurant direkt am Strand gibt es Fisch satt. Am Eingang wird ein Festpreis für ein drei- bis vierstündiges Mahl bezahlt. Einfache Holztische und Bänke stehen im Sand, auf dem traditionellen »braai« brutzelt fangfrischer Fisch, in rustikalen Töpfen kochen Muscheln und Fisch-Currys. Dazu gibt es frisch gebackenes Brot und Rooibos-Tee. Gitarrenmusik und Barfußlaufen sorgen für ein perfektes Robinson-Crusoe-Feeling. Wein, Bier und andere alkoholische Getränke können selbst mitgebracht werden.
Direkt am Strand, Beschilderung folgen | Tel. 0 22/7 72 24 90 | www.strandloper.com | 260 Rand Festpreis | €€

Ziele in der Umgebung

◎ WEST COAST NATIONAL PARK

 A2

Der weitläufige Nationalpark mit seinen über 500 Pflanzenarten erstreckt sich über 27 500 ha und gehört zu den größten und schönsten Naturreservaten an der südafrikanischen Küste. Er ist gerade mal 1,5 Stunden von Kapstadt entfernt. Die Anreise ist vom Norden aus über Langebaan oder vom Süden aus über eine Zufahrt von der R 27 möglich.

Der zentrale Punkt ist die wunderschöne blaue Lagune von Langebaan mit ihrem flach abfallenden Wasser, das verhältnismäßig warm und damit ideal zum Baden ist. Zu den weiteren Besonderheiten des Parks gehört sein außergewöhnlicher Vogelreichtum: Zur Sommerzeit sind rund 55 000 Vögel hier ansässig, die aus subarktischen Brutgebieten in das nährstoffreiche Feuchtgebiet der Lagune kommen. Zu den weiteren Bewohnern gehören verschiedene Antilopenarten bis zum Eland, Zebras, Strauße, Füchse und Landschildkröten.

Wanderbegeisterte kommen bei verschiedenen Tagestouren und mehrtägigen Wanderungen auf ihre Kosten. Wer übernachten möchte, kann zwischen verschiedenen Unterkünften in einfachen Cottages, Chalets und Hausbooten wählen.

🕐 In den Frühlingsmonaten August und September, wenn sich das Reservat in ein Meer aus Wildblumen verwandelt.
5 km südl. von Langebaan | Tel. 0 22/7 72 21 44 | www.sanparks.org/parks/west_coast | Sept.–März 7–19, April–Aug. 7–18 Uhr | 64 Rand, Kinder 32 Rand

PATERNOSTER

A1

2000 Einwohner

Die kleinen weißen Häuser des ruhigen und idyllischen Fischerorts erinnern an ein griechisches Dorf. Viele von ihnen wurden in den letzten Jahren renoviert, daneben sind einige Ferienhäuser entstanden, die vor allem am Wochenende von Kapstädtern genutzt werden. Das Gebiet eignet sich zum Schnorcheln, Kayaken und Kite-Surfen.

Der Großteil der hier lebenden Menschen gehört zum indigenen Volk der Khoikhoi, das schon seit Generationen Fischfang an der Westküste betreibt. Am Strand lassen sich die kleinen Fischerboote beobachten, die nachmittags anlegen und ihren Fang anbieten. Aus dem ganzen Dorf kommen dann Menschen zusammen, um frischen Fisch zu kaufen. In der Saison von November bis April wird besonders viel »crayfish« verkauft. Die Herkunft des lateinischen Namens Paternoster (Vater unser) ist bis heute leider schleierhaft geblieben.

SEHENSWERTES

Cape Columbine

Auf der Landzunge Cape Columbine, 5 km südlich von Paternoster, können im Tietiesbaai Nature Reserve Seevögel beobachtet werden, außerdem gibt es eine Vielzahl an endemischen Blumen, die besonders im Frühling zu bewundern sind. An der Küste steht der Cape Columbine Leuchtturm, der zu den wichtigsten Navigationspunkten an der südafrikanischen Küste gehört. Bevor der Leuchtturm 1936 erbaut wurde, sind bereits einige Schiffe vor Paternoster gestrandet.

5 km südl. von Paternoster

ÜBERNACHTEN

Abalone House

Exklusiv mit Spa – Das Boutique-Hotel ist mit vielen Kunstgegenständen ausgestattet und sehr geschmackvoll in den Farben Afrikas dekoriert. Zur Superior Sea View Suite gehört ein eigener Jacuzzi auf dem Dach mit wunderschöner Aussicht auf das idyllische Dorf und das türkisfarbene Meer. In einem komplett mit Salz ausgelegten Raum im hauseigenen Spa kann man Detox- und andere wohltuende Behandlungen genießen.

Bekbaai | 3 Kriedoring Street | Tel. 0 22/7 52 20 44 | www.abalonehouse.co.za | 11 Zimmer | €€€–€€€€

Dunes Guest House

Zugang zum Strand – Gepflegtes Gästehaus in den Dünen. Vier der Zimmer verfügen über einen schönen Meerblick und einen direkten Zugang zum Strand. Jedes Zimmer ist, je nach seinem Namen, in anderen Farben eingerichtet. Im Innenhof befindet sich ein kleiner Pool, im Obergeschoss eine gemütliche Lounge mit Bar und Blick auf den Strand.

18 Sonkwas Road | Tel. 0 22/7 52 22 17 | www.paternosterdunes.co.za | 6 Zimmer | €€

ESSEN UND TRINKEN

Reuben's

Ausgefallene Rezepturen – Reuben Riffel gehört zu den bekanntesten Spitzenköchen des Landes. Neben Restaurants in Kapstadt und Franschhoek gibt es seit Herbst 2013 nun auch eine Dependance im stilvollen Abalone House (▶ S. 112). Zu den Spezialitäten des Starkochs gehören Kreationen wie

Mit diesem traditionellen Fischerboot fahren die Fischer in der Gegend von Paternoster (▶ S. 112) aufs Meer hinaus und versorgen die Restaurants mit Frischfisch.

»snoek«-Soufflé mit gesalzenen Aprikosen, gerösteter Schweinebauch mit Ingwer-Karamell oder süße Nachspeisen wie Amarula-Pudding oder Buttermilch-Sorbet.
Bekbaai | 3 Kriedoring Street | Tel. 0 22/7 52 20 44 | www.abalonehouse.co.za | €€€

Voorstrandt Restaurant
Catch of the day – Das einzige rote Haus im Dorf ist direkt am Strand gelegen und nicht zu verfehlen. Als Vorspeise sollten Sie die fangfrischen, würzigen Calamari oder Garnelen probieren, zum Hauptgang empfiehlt sich der »catch of the day« (Fang des Tages) oder die lokale Spezialität »crayfish«. Kein anderes Restaurant ist näher am Wasser gelegen als das alte gemütliche Fischerhaus.
Strandloper Street | Tel. 0 22/7 52 20 38 | www.voorstrandt.com | tgl. ab 11 Uhr | €–€€

SERVICE
AUSKUNFT
Paternoster Village Tourism
Fish Market | Tel. 0 22/7 52 23 23 | Mo–Fr 9–17, Sa 10–15 Uhr

Im Fokus
Nelson Mandela und die Gefängnisinsel Robben Island ⭐

Die Insel Robben Island diente als Versorgungsstation für Schiffe, als Verbannungsort für Leprakranke, als Quarantänestation, Gefängnis und Verteidigungsanlage. Berühmt wurde sie aber durch Nelson Mandela, ihren prominentesten Häftling.

Die Gefängnisinsel Robben Island gehört zu den bedeutendsten Nationaldenkmälern des Landes und ist eine der interessantesten Sehenswürdigkeiten Kapstadts. In einer winzigen Zelle musste Nelson Mandela 18 Jahre seiner insgesamt 27 Jahre andauernden Haftstrafe absitzen. Besucher werden heute von ehemaligen Häftlingen über die Insel geführt und erhalten einen unvergleichbaren Einblick in die jüngste Geschichte des Landes. Neben einer monumentalen Gedenkstätte ist die berüchtigte Gefängnisinsel auch ein wahres Naturparadies.

Robben Island ist das Alcatraz Südafrikas. Inmitten des kalten Atlantiks liegt die Insel rund 12 km von der Küste Kapstadts entfernt. Seit vielen Jahrhunderten wird sie von schauderhaften Geschichten und Legenden umrankt. Sämtliche Fluchtversuche blieben wegen der großen Entfernung zum Land und der kalten Strömungen erfolglos, viele Häftlinge er-

◀ Nelson Mandela besucht seine Zelle auf
Robben Island (▶ MERIAN TopTen, S. 114).

tranken beim Fluchtversuch. Seit dem 16. Jh. wurde die größte Insel im Küstenbereich Kapstadts als Sträflingskolonie genutzt. Zunächst setzten sie die Holländer als Stützpunkt der Ostindischen Handelskompanie zur Versorgung der Schiffe ein. In den Steinbrüchen wurde Schiefer als Baumaterial für das Castle of Good Hope und andere Bauwerke gewonnen. Im 17. Jh. kamen die ersten Malaien als Plantagenarbeiter auf die Insel. Im 18. Jh. wurde mit Tuan Guru erstmals ein prominenter Vertreter der muslimischen Gemeinde auf der Gefangeneninsel inhaftiert.

STRÄFLINGE, LEPRA- UND GEISTESKRANKE

Nach der Machtübernahme der Briten im 19. Jh. wurden mehrere Xhosa-Anführer hierher verbannt und starben auf der Insel. In den folgenden Jahrzehnten wurde sie zum Exil für Aussätzige. Neben Kriminellen wurden auch vermeintlich Geisteskranke und Leprakranke nach Robben Island abgeschoben. Die Church auf Good Sheperd, die von Leprakranken errichtet wurde, zeugt heute noch von dieser Zeit. Nach einer kürzeren Zeit als Militärbasis fand die Insel 1961 wieder ihre ursprüngliche Verwendung als Gefängnisinsel. Während der Zeit des Apartheidsregimes waren auf ihr nicht nur Schwerstkriminelle, sondern auch politische Häftlinge inhaftiert. An einem eiskalten Tag im Winter 1964 kam Nelson Mandela auf der Gefängnisinsel an und wurde zu ihrem berühmtesten Häftling.

MANDELAS KAMPF

Am 18. Juli 1918 wurde Nelson Mandela in der Transkei geboren. Sein Vater gab ihm den Namen Rolihlahla, was so viel wie Unruhestifter bedeutet. Er gehört zum Königshaus der Thembu, einem Volk der Xhosa. Als junger Jurastudent engagierte er sich in der politischen Opposition gegen das weiße Minderheitsregime. Schon damals hatte er sich die Gleichberechtigung der schwarzen Mehrheit in politischen, sozialen und wirtschaftlichen Angelegenheiten zum Ziel gesetzt. 1944 trat er dem African National Congress (ANC) bei. Nach der Einführung des Apartheidregimes im Jahr 1948 und Mandelas Wahl zum ANC-Vorsitzenden 1951 führte er die Defiance Campaign des ANC ein, die von den Methoden des gewaltlosen Widerstandes Mahatma Gandhis inspiriert war. Ein Jahr später wurde Mandela zum ersten Mal verhaftet und zu einer Bewährungsstrafe verurteilt. Noch im selben Jahr eröffnete er mit Oliver Tambo in Johannesburg die erste allein von Schwarzen geführte Anwaltskanzlei und entwickelte den Mandela-Plan als Widerstandskonzept gegen das Apartheidsregime. Nach mehreren Bannungen Mandelas und der Verabschiedung der Freiheitscharta als Basis der Anti-Apartheid-Aktivitäten wurde der Freiheitskämpfer 1955 erneut verhaftet und zusammen mit anderen Aktivisten wegen Landesverrats angeklagt. Der Prozess zog sich über sechs Jahre hin und endete 1961 mit einem Freispruch.

LEBENSLANGE HAFTSTRAFE

Nach einer erneuten Bannung für fünf Jahre lebte Mandela im Untergrund. Nachdem beim Massaker von Sharpeville unbewaffnete Demonstranten erschossen worden waren und der ANC und andere Anti-Apartheid-Gruppen verboten wurden, unterstützten Mandela und seine Mitstreiter den gewaltsamen Kampf gegen die Regierung. Später wurde Mandela Anführer des bewaffneten Flügels des ANC. Nach mehreren Reisen in andere afrikanische Länder und nach Großbritannien (trotz Bannung) wurde er 1964 zusammen mit zehn Mitstreitern wegen Sabotage und Planung des bewaffneten Kampfes zu einer lebenslangen Haftstrafe verurteilt. In seiner berühmten vierstündigen Rede erklärte er die Notwendigkeit für den bewaffneten Widerstand. Sie war seine letzte öffentliche Rede bis 1990 und wurde international unter dem Titel »I am prepared to die« veröffentlicht. Der Name ging darauf zurück, dass der Staatsanwalt die Todesstrafe gefordert hatte.

DIE SCHWARZEN JAHRE UND DER LANGE WEG ZUR FREIHEIT

Aus Angst davor, Mandela könnte andere Häftlinge mit seinem politischen Gedankengut »infizieren«, wurden er und die anderen ANC-Führer zum Beginn ihrer Haft isoliert von den anderen Häftlingen in Block B untergebracht. Als Einzelhäftlinge der Kategorie D eingestuft, hatten sie die wenigsten Privilegien. Nur zweimal im Jahr durften sie einen Brief schreiben, der oft bis zur Unlesbarkeit zensiert wurde, und nur zweimal im Jahr Besuch empfangen. Die meisten anderen Gefangenen – während der Apartheid waren rund 3000 politische Häftlinge auf Robben Island inhaftiert – waren mit 60 oder 70 Mann in Zellen untergebracht. Zum Schlafen wurde lediglich eine dünne Matte auf dem nasskalten Boden ausgerollt. Zum Gefängnisalltag gehörten neben harter Arbeit im Steinbruch auch Hunger sowie Prügel und Demütigungen durch die (ausschließlich weißen) Wärter. Seine Zeit auf Robben Island bezeichnet

Mandela später als »die schwarzen Jahre«. Erst nach vielen Jahren verbesserte sich die Situation der Gefangenen. Nach Streiks und Protesten konnte sich Mandela, der sich Respekt bei den Wärtern verschafft hatte, als Sprecher der Häftlinge ab 1971 für diverse Verbesserungen der Haftbedingungen durchsetzen. Die neu errungenen Freiheiten nutzte er zur Weiterbildung und motivierte auch die anderen Gefangenen dazu. Neben Mandela, der im Gefängnis sein zweites juristisches Staatsexamen abschloss, erhielten auch andere Insassen ihre Studienabschlüsse. Robben Island wurde in dieser Zeit als Mandela University bekannt. Den ANC-Mitgliedern gelang es währenddessen auch, sich heimlich auszutauschen und neu zu organisieren. Der Kampf im Gefängnis wurde später als Mikrokosmos des Kampfes insgesamt beschrieben. 1982 wurde Mandela von Robben Island ins Pollsmoor-Gefängnis verlegt, wo er weitere sechs Jahre seiner Haft verbrachte. Fast wehmütig blickte er auf die Insel zurück, die fast zwei Jahrzehnte sein Zuhause gewesen war. 1994 wurde Madiba, wie ihn seine Anhänger nennen, als erster schwarzer Präsident gewählt. Elf seiner ehemaligen Mithäftlinge nahm er in die Regierung auf. Keiner hat Südafrika geprägt wie Nelson Mandela, der zum weltweiten Idol wurde.

INSELRUNDGANG MIT EHEMALIGEN GEFANGENEN

1997 wurde Robben Island für Besichtigungen freigegeben und ist seitdem ein starker Anziehungspunkt für Touristen und Einheimische. Vom Nelson Mandela Gateway (▶ S. 75) an der Victoria & Alfred Waterfront, in dem es eine Ausstellung mit Fotos und Originalbriefen gibt, geht es mit dem Boot auf die Gefängnisinsel. Nach 30 Minuten kommen Besucher in Murray's Bay an – genau dort, wo früher die Häftlinge von Bord gingen. Vom Hafen aus starten Minibus-Touren über die Insel zu den Gräbern der Leprakranken, den ehemaligen Army und Navy Bunkern, dem Hochsicherheitstrakt, in dem die Freiheitskämpfer inhaftiert waren sowie zu anderen Stationen. Den Abschluss der Tour bildet die Besichtigung der wohl berühmtesten Gefängniszelle der Welt: die des Gefangenen mit der Nummer 46664, Nelson Mandela. Die winzige Zelle ist nur 4 qm groß und gerade einmal 1,5 m breit.

Die gesamte Tour wird von ehemaligen Häftlingen geführt. Die meisten von ihnen haben mehrere Jahre auf der Insel eingesessen und sind daher authentische Zeitzeugen.

INFORMATIONEN
www.robben-island.org.za

DIE WINELANDS

Die Winelands sind ein Paradies für Feinschmecker und Weinliebhaber. In den Weinorten Constantia, Stellenbosch, Franschhoek und Paarl findet sich eine einmalige Auswahl an erstklassigen Restaurants und Spitzenweingütern.

Neben alteingesessenen Weingütern mit großen Namen und langen Traditionen finden sich auf den Weinrouten 8 auch kleinere Produzenten, die einen Besuch lohnen. Das vielfältige Angebot wird ergänzt durch hochkarätige Restaurants, die feine Gourmetküche zu meist erschwinglichen Preisen anbieten.

VON CONSTANTIA BIS PAARL

Der älteste Weinort ist Constantia, Franschhoek gilt als Gourmethauptstadt des Landes, Stellenbosch und Paarl bilden das Zentrum der Weinregion. Trotz der Unterschiedlichkeit der vier Orte werden sie neben ihrem erstklassigen kulinarischen Angebot auch durch eine beachtliche Ansammlung an wunderschönen historischen Bauten vereint, die von ihrer jahrhundertealten Geschichte zeugen.

◀ Blick auf das Spitzenweingut Buitenverwachting (▶ S. 121) in Constantia.

Seit mehr als 350 Jahren wird in Südafrika Wein gepresst. 1654 wurden die ersten Stecklinge aus dem Rheinland auf Wunsch von Jan van Riebeeck, dem ersten Verwalter der Kap-Kolonie, im heutigen Constantia angepflanzt. Fünf Jahre später gab es den berühmten Tagebucheintrag des Kommandeurs: »Die ersten Trauben sind gekeltert worden«. Mit der Ankunft der Hugenotten in Franschhoek wurde der Weinanbau weiter entwickelt, im Jahr 1761 wurden die ersten Weine exportiert. Im 18. Jh. erfreute sich südafrikanischer Wein einer besonderen Beliebtheit bei europäischen Monarchen, Politikern und Potentaten: Napoleon und Otto von Bismarck zählten zu den prominentesten Liebhabern des süßen Constantia-Weins. In den 1980er-Jahren erzielten die letzten Flaschen des legendären Dessertweins astronomische Preise auf Weinauktionen. Heute gehört Südafrika zu den zehn größten Weinproduzenten der Welt. Das Sortenspektrum ist breit, die weißen Rebsorten wie Chardonnay oder Sauvignon Blanc dominieren nur noch knapp, Rotweine wie Pinotage oder Merlot haben aufgeholt.

CONSTANTIA ▶ S. 89, b 3

13 000 Einwohner

Der südlich von Kapstadt gelegene Vorort Constantia ist der älteste Weinort des Landes und gehört zu den nobelsten Wohngegenden am Kap. Seine idyllische Lage zwischen Tafelberg und Constantiaberg sowie die wunderschönen kapholländischen Bauten machen ihn zu einem der attraktivsten Orte in der Weinregion. Der Name Constantia stammt von Simon van der Stel, der für seine Verdienste 1685 ein großes Grundstück auf der Rückseite des Tafelbergs erhielt und darauf die ersten Obst- und Rebsorten anbaute. Schnell zeigte sich, dass im Constantia-Tal wegen des relativ kalten Winters und konstanten Windes bestimmte Weinreben besonders gut gedeihen. Van der Stel baute daraufhin den Weinbau auf seiner Farm weiter aus. Bis heute ist Constantia für seine hervorragenden Weiß- und Rotweine bekannt.

Hier gibt es nicht nur vornehme Häuser wie an der Weinstraße, in der Umgebung von Constantia liegt auch das berüchtigte Pollsmoor Gefängnis, in dem Nelson Mandela nach seiner Haft auf Robben Island weitere sechs Jahre einsitzen musste, bevor er ins Victor-Verster-Gefängnis überstellt wurde. Vom Constantia Nek (Gebiet zwischen Tafelberg und Constantiaberg) gibt es einen schönen Wanderweg zu den Kirstenbosch Botanical Gardens.

SEHENSWERTES

Groot Constantia und Weinmuseum

Das prächtige Herrenhaus aus dem Jahr 1684 wurde im kapholländischen Stil erbaut und gehört zu den schönsten Gebäuden der Region. Heute beherbergt es neben zwei Restaurants auch das Weinmuseum, in dem die Geschichte des Weins dokumentiert wird und Antiquitäten ausgestellt sind. Auf dem zu seiner Zeit 750 ha großen Anwesen ließ Simon van der Stel die ersten Weinreben anpflanzen und lebte dort bis zu seinem Tod im Jahre 1712. Die ursprüngliche Constantia-Farm wurde danach in Groot Constantia, Klein Constantia und Buitenverwachting unterteilt. Seine Blütezeit erlebte Groot Constantia im 18. und 19. Jh. mit der Beliebtheit des Constantia-Weins (Vin de Constance) beim europäischen Hochadel. 1925 brannte das Gebäude fast vollständig ab, wurde jedoch originalgetreu wieder aufgebaut und erstrahlt heute im alten Glanz.

Groot Constantia Road | www.grootconstantia.co.za | Museum tgl. 10–17 Uhr | 30 Rand, Kinder 15 Rand | Weinprobe tgl. 9–18 Uhr | 40–75 Rand

Klein Constantia

Neben dem Groot Constantia steht das kleinere, aber ebenfalls schöne Weingut Klein Constantia. Das Gutshaus wurde 1822 erbaut, Wein wurde schon vorher angebaut. Die renommierten Weine wie Chardonnay, Riesling und auch Schaumwein können bei den angebotenen Tastings probiert werden.

Klein Constantia Road | www.kleinconstantia.com | Weinproben Mo–Sa 10–17, So 10–16 Uhr | 30 Rand

Steenberg Estate

Das älteste Weingut des Landes wurde 1682 mit dem Namen Swaaneweide (Schwanenwiese) gegründet. Die erste Besitzerin des Guts war die aus Lübeck stammende Catharina Ustings Ras, die in jungen Jahren als Mann verkleidet mit dem Schiff das Kap erreichte. Nachdem sie ihre ersten drei Ehemänner überlebt hatte, baute sie mit ihrem vierten Mann ihr erstes Haus auf der Farm, die sie von Simon van der Stel vermacht bekommen hatte. 1990 erfolgte eine aufwendige Sanierung der historischen Weingärten, des Weinkellers und des Herrenhauses. Zur weitläufigen Anlage des stilvollen Anwesens gehört heute ein elegantes Country-Hotel (▶ S. 120). Als Weingut ist Steenberg bekannt für seinen ausgezeichneten Sauvignon Blanc und Chardonnay, aber auch die Rotweine wie Shiraz oder Nebbiolo sollten probiert werden.

Tokai | Steenberg Road | www.steenbergfarm.com

ÜBERNACHTEN

Dongola Guest House

Gemütlich – Das Gästehaus ist ruhig gelegen und grenzt an ein kleines Naturreservat. Im schön angelegten Garten gibt es einen Pool mit Blick auf den Tafelberg. Die Besitzer haben sich den Prinzipien des Ökotourismus verpflichtet und unterstützen mehrere Umweltprojekte.

30 Airlie Place | Tel. 0 21/7 94 82 83 | www.dongolahouse.co.za | 6 Zimmer, 1 Suite | €

Steenberg Hotel

Traditioneller Kolonialstil – Inmitten einer herrlichen Kulisse von Weinber-

gen liegt das im kapholländischen Stil erbaute älteste Weingut Südafrikas. Die Hotelanlage ist dem aus dem 17. Jh. stammenden Weingut angegliedert und besteht aus komfortablen Zimmern und Suiten im traditionellen Kolonialstil. Schon die Standard-Doppelzimmer sind sehr großzügig, dazu elegant eingerichtet. Im hervorragenden Restaurant Catharina's werden moderne südafrikanische Spezialitäten und die ausgezeichneten Tropfen des Weinguts serviert. Neben dem hoteleigenen Spa steht Gästen auch ein 18-Loch-Golfplatz zur Verfügung.
Tokai | Steenberg Estate, Steenberg Road | Tel. 0 21/7 13 22 22 | steenberghotel.com | 24 Zimmer und Suiten | €€€

The Alphen Boutique Hotel ▶ S. 24

ESSEN UND TRINKEN
Buitenverwachting

Mit Spitzenweinen – Das gehobene Restaurant im klassischen Stil gehört seit mehr als einem Jahrzehnt zu den besten des Landes. Auf der Karte des österreichischen Chefkochs Edgar Osojnik finden sich sowohl einfache und leichte Gerichte sowie rustikale Speisen als auch ausgefallenere Gerichte und leckere Nachspeisen. Die Sauvignon Blancs des Hauses gehören zu den Spitzenweinen des Kaps.
Klein Constantia Road | Tel. 0 21/7 94 51 90 | www.buitenverwachting.com | €€€

La Colombe

Klassiker – Der renommierte Gourmet-Klassiker war vormals Teil des Weinguts Constantia Uitsig und befin-

Probierstube im Keller des traditionsreichen Weinguts Klein Constantia (▶ S. 120). Hier wird unter anderem immer noch der berühmte Süßwein »Vin de Constance« produziert.

det sich nun im malerischen Silvermist Organic Wine Estate. Die Kreationen von Küchenchef Scot Kirtons vereinen französische und asiatische Einflüsse auf höchstem Niveau und wirken wie Kunstwerke auf dem Teller.
Silvermist Mountain Lodge, Main Road | Tel. 0 21/7 95 01 25 | €€€

Ziele in der Umgebung

◎ BAUMKRONENPFAD IM KIRSTENBOSCH BOTANICAL GARDEN ▶ S. 89, b3

Wer eine schöne Aussicht während eines Spaziergangs genießen möchte, sollte den neuen Baumkronenpfad im Kirstenbosch Botanical Garden besuchen. Die Botanischen Gärten an den Südosthängen des Tafelbergs sind mit mehr als 7000 Pflanzenarten ein Paradies für Naturliebhaber. Seit 2014 schlängelt sich auf 11 m Höhe der 130 m lange Baumkronenpfad durch die Gipfel der mächtigen Bäume. Er bietet gigantische Panoramaaussichten.
Kirstenbosch Botanical Garden | Newlands, Rhodes Drive | www.sanbi.org/gardens/kirstenbosch | 50 Rand, Kinder 10 Rand

8 km nördl. von Constantia

STELLENBOSCH B3

100 000 Einwohner

Zwischen Paarl im Norden und der False Bay im Süden gelegen, bildet Stellenbosch das Zentrum der Weinregion. Es liegt eingebettet zwischen majestätischen Bergen und fruchtbaren Tälern. Mehr als 200 Weingüter haben sich zur Stellenbosch-Weinroute, der ältesten Weinroute des Landes, zusammengeschlossen. Als zweitälteste Stadt Südafrikas wurde Stellenbosch als erste europäische Siedlung im Landesinneren 1679 von Simon van der Stel gegründet. Der historische Ortskern mit seinen kaphölländischen Farmhäusern und prachtvollen viktorianischen Anwesen zeugt von den Anfängen und dem früheren Reichtum der Stadt. Weitere Zeitzeugen sind die von den ersten Siedlern gepflanzten Eichen, die mehr als 300 Jahre alt sind und das Stadtbild nachhaltig geprägt haben. Ihnen verdankt Stellenbosch auch seinen Beinamen »Eikestad« (Eichenstadt). Außer von den vielen Weingütern ist die Stadt auch von ihrer renommierten Universität geprägt. Sie ist die zweitälteste Hochschule des Landes. Die hier lebenden Studenten machen rund ein Drittel der Bevölkerung aus.

SEHENSWERTES

Die Braak
Der im 18. Jh. angelegte frühere Parade- und Marktplatz inmitten des Zentrums ist heute ein großer Rasenplatz. Ein Teil davon wird als Marktplatz benutzt, außerdem feiern hier die neuen Studenten in der ersten Woche des Semesters. Um den Platz herum liegen schöne historische Gebäude, die ihm eine klassizistische Prägung geben.

Dorp Street
Die älteste Straße der Stadt mit ihren gut erhaltenen historischen Bauten steht inklusive der 300 Jahre alten Eichen unter Denkmalschutz. Mehrere historische Baustile des Kaps sind hier vereint, und nirgendwo anders im Land finden sich so viele original erhaltene Bauten an einem Platz. Besonders sehenswert sind die folgenden Gebäude: Vredelust (Hausnr. 63), das frühere

Pfarrhaus La Gratitude (Nr. 95), Voorgelegen (Nr. 116) sowie der alte Krämerladen Oom Samie Se Winkel (Nr. 82/84), in dem man sich in frühere Zeiten zurückversetzt fühlt.

Stellenbosch University

Die Universität gehört zu den besten des Landes und wurde 1866 gegründet. Die verschiedenen Fakultäten mit 150 Fachbereichen sind auf vier Standorte verteilt. Schön anzusehen ist das prachtvolle alte Hauptgebäude (Ou Hoofgebou). Die Universität gehört zu den wenigen höheren Bildungseinrichtungen, in denen hauptsächlich Afrikaans gesprochen wird. Hier haben viele prominente Buren, darunter auch einige Politiker, studiert. Die Universität wird auch Burenschmiede genannt.
Ryneveld Street, Merriman Avenue

WEINGÜTER
Delaire Graff Estate

Das Weingut des britischen Diamantenhändlers Laurence Graff auf dem Helshoogte Pass ist das exklusivste und außergewöhnlichste der Gegend. Eine sehr beeindruckende Kunstsammlung schmückt den Garten und die Wände des Haupthauses. Die Kunstwerke stammen zum Teil aus der Privatsammlung des Hausherren. Zum traumhaft gelegenen Anwesen mit atemberaubenden Aussichten auf das Weingebiet gehören zwei erstklassige Restaurants: das asiatisch inspirierte Indochine sowie das Delaire Graff Restaurant mit moderner Küche und außergewöhnlichen Weinen. Dazu kommen zehn Luxusvillen mit Privatpool.
Helshoogte Road | Tel. 0 21/8 85 81 60 | www.delaire.co.za | €€€

Im berühmten Trödelladen Oom Samie se Winkel (Onkel Sam's Kramladen) an der Dorp Street (▶ S. 122) in Stellenbosch kann man einkaufen und im Garten Kleinigkeiten essen.

Dornier Wines

Das von der deutschen Familie Dornier betriebene Weingut liegt umgeben von den Stellenbosch- und Helderberg-Bergen im Blaauwklippen-Tal. Der Künstler Christoph Dornier, Mitglied der berühmten Flugzeugherstellerfamilie, hat es 1995 gegründet und den neuen Teil des Weinguts selbst entworfen. Der Weinkeller wirkt wie eine Skulptur und hat das auffallendste Design in den Winelands. In einem aufwendig restaurierten Gebäude des 18. Jh. befindet sich das hauseigene Restaurant Bodega, das Mittagsgerichte und Tapas serviert. In einer bezaubernden alten Villa aus dem 19. Jh. gibt es sechs elegante Gästezimmer.

Blaauwklippen Road | Tel. 0 21/8 80 05 57 | www.dornier.co.za | Lunch 11.30–16, Tapas 16–18 Uhr | €€

Ernie Els Wines

Der südafrikanische Golfprofi Erni Els geht auf dem idyllisch gelegenen Weingut seiner zweiten Leidenschaft nach. Seine Spezialität sind Rotwein-Cuvées wie beispielsweise der international bekannte Klassiker Big Easy. Der umliegende Garten ist wie ein Golfplatz angelegt, mittags wird auf der schönen Terrasse begleitend zur Weinprobe ein Lunch angeboten.

Annandale Road | Tel. 0 21/8 81 35 88 | www.ernieelswines.com | Lunch 12–15 Uhr | €€

Hidden Valley Wines

Das an den Hängen des Helderberges gelegene Weingut ist umgeben von Weinreben, Olivenhainen, Mandelbaumplantagen und Fynbos-Vegetation. Neben Sauvignon Blanc und Rot-

Im Dorfmuseum von Stellenbosch (▶ S. 125) steht das Schreuderhuis von 1709 neben drei weiteren historischen Häusern. Es ist das schlichteste der Museumshäuser.

wein-Cuvées werden auf dem Gut auch Olivenöle in Topqualität produziert. Im Spitzenrestaurant Overture kreiert Chefkoch Beruts Basson traditionelle südafrikanische Gerichte aus erstklassigen Zutaten der Region.

T 4 Route, Off Annandale Road (R 344) | Tel. 0 21/8 80 26 45 | www.hiddenvalley wines.com | Lunch tgl. ab 12, Dinner Di–Sa ab 19, Weinproben 9–17 Uhr | €€€

Jordan Wine Estate

Seit vielen Jahren gehört das Weingut zu den Spitzenerzeugern am Kap. Das Weingut ist mehr als 300 Jahre alt und bietet einen spektakulären Ausblick auf Stellenbosch, den Tafelberg und die False Bay. Das Jordan Restaurant von Küchenchef George Jardines wurde 2014 vom südafrikanischen Foodmagazin »Eat Out« zum fünftbesten Restaurant des Landes gewählt. In der gleichnamigen Bäckerei gibt es exzellente Frühstücksangebote und vielfältige Backwaren.

Die Boord | Tel. 0 21/8 81 36 12 | www.jordanwines.com | Lunch tgl. 12–14, Dinner Do–Sa ab 18.30, Bäckerei tgl. 9–15.30 Uhr | €€€

MUSEEN UND GALERIEN
MUSEEN
Libertas Parva

Das kapholländische Herrenhaus, in dem früher berühmte Persönlichkeiten wie Cecil Rhodes wohnten, beherbergt heute sowohl die Rembrandt van Rijn Art Gallery mit einer sehenswerten Gemäldeausstellung südafrikanischer Meister als auch das Stellenryk Wine Museum. Im Weinmuseum erfahren Besucher Interessantes über die Weinproduktion am Kap früher und heute.

Dorp Street 31 | Mo–Fr 9–12.45 und 14–17, Sa 10–13 und 14–17 Uhr | Eintritt frei

Sasol Art Museum

In der ehemaligen Mädchenschule ist heute eine zur Universität gehörende Kunstgalerie untergebracht. Die Ausstellung umfasst Gemälde von südafrikanischen Künstlern, Reproduktionen der Khoikhoi-Kunst, Kleidungsstücke der Ureinwohner sowie antike Möbelstücke. Gegenüber steht das Erfurt House, das eines der schönsten Häuser der Stadt ist.

16 Ryneveld Street | Di–Sa 9–16, Sa 9–17 Uhr | Eintritt frei

Village Museum

Das Dorfmuseum zeigt auf einem 5000 qm großen Grundstück vier restaurierte Originalhäuser aus verschiedenen Epochen: Das 1709 erbaute Schreuder House ist das älteste Stadthaus Südafrikas und wurde von dem deutschen Soldaten Sebastian Schreuder erbaut. Die einfache Einrichtung des Hauses steht in deutlichem Kontrast zum opulenten Einrichtungsstil der späteren Zeit. Das Bletterman House ist ein typisches Beispiel eines gehobenen Wohnhauses im 18. Jh. Die Einrichtung des Hauses ist im Kap-Barockstil gehalten. Gegenüber liegt der Botanische Garten. Das Grosvenor House war das erste zweigeschossige Haus in Stellenbosch, sein Inneres besticht durch elegante Möbel aus dem 19. Jh. Es gehört zu den elegantesten historischen Häusern der Region. Das vierte Haus ist das Bergh House, das sein heutiges Aussehen im 19. Jh. erhalten hat. Die dunklere Einrichtung im Inneren mit schweren Möbeln de-

monstriert den Zeitgeschmack der zweiten Hälfte des 19. Jh.
18 Ryneveldstreet | Mo–Sa 9–17, So 10–13/16 Uhr (Sommer) | Eintritt frei

GALERIEN

Stellenbosch Modern and Contemporary Art Gallery (SMAC)

Die Galerie zeigt ein gutes Angebot an zeitgenössischer Kunst. Die Exponate stammen sowohl von etablierten als auch von aufstrebenden nationalen sowie internationalen Künstlern.
De Wet Centre, Church Street | www.smacgallery.com | Mo–Fr 9–17, Sa 9–15.30 Uhr

ÜBERNACHTEN

Caledon Villa

Zentrale Lage – Das im historischen Teil der Stadt gelegene Gästehaus befindet sich in einem mehr als 300 Jahre alten Gebäude. Jedes Zimmer hat seinen eigenen Charakter und ist individuell im traditionellen Stil dekoriert. Ein Pool befindet sich im Garten des hübschen Hauses.
Die Innenstadt und die Universität sind in wenigen Minuten bequem zu Fuß zu erreichen.
7 Neethling Street | Tel. 0 21/8 83 89 12 | www.caledonvilla.co.za | 15 Zimmer | €

Majeka House

Ausgezeichnetes Restaurant – Das exklusive Haus besticht vor allem durch sein außergewöhnliches Interieur. Die großzügigen Zimmer sind luxuriös ausgestattet. Im modernen Spa des Hauses können sich Gäste von Kopf bis Fuß verwöhnen lassen. Das hauseigene Restaurant Makaron wurde bereits mehrfach ausgezeichnet.
26–32 Houtkapper Street | Tel. 0 21/8 80 15 12 | www.majekahouse.co.za | 22 Zimmer | €€–€€€

Wine Estate und Hotel Spier

Picknick im Garten – Das familienfreundliche Hotel befindet sich auf einem 1000 ha großen Anwesen des bekannten Weinguts Spier und bietet diverse Unterhaltungsmöglichkeiten. Die komfortablen Gästeunterkünfte sind im Dorfstil erbaut und um sechs Innenhöfe angelegt, die jeweils einen eigenen Pool haben. Mehrere Restaurants servieren frische regionale Gerichte und schenken dazu die hauseigenen fair produzierten Weine aus. Im schönen Garten kann außerdem gepicknickt werden.
Annandale Road | Tel. 0 21/8 09 11 00 | www.spier.co.za | 153 Zimmer | €€

SERVICE

AUSKUNFT

Stellenbosch Tourism

36 Market Street | Tel. 0 21/8 83 35 84 | www.stellenbosch.travel/

Ziele in der Umgebung

◉ BOSCHENDAL ESTATE AND MUSEUM B3

Auf dem Weg nach Franschhoek befindet sich das zu den bekanntesten Weingütern des Landes gehörende Boschendal Estate. Es ist mehr als 300 Jahre alt und beliebt wegen seiner stilvollen Picknicks, die im traumhaften Garten genossen werden können. Ein Großteil der frischen Zutaten, die für die Picknickkörbe und feinen Speisen der Restaurants verwendet werden, stammt von der eigenen Farm oder von kleineren lokalen Produzenten. Boschendal

Stellenbosch – Helshoogte Pass | 127

Das traditionsreiche, aber gleichzeitig innovative Weingut Boschendal (Wohnhaus und Tasting Room, ▶ S. 126) bei Franschhoek mit den Drakenstein-Bergen im Hintergrund.

gehört auch zu den innovativsten Weingütern der Region. Hier wurde 1978 etwa der erste Blanc de Noir (Rosé, der aus roten Trauben nach Weißweinmethoden hergestellt wird) produziert. Im historischen Herrenhaus befindet sich ein Museum mit eleganten Möbeln aus der Kolonialzeit.
Pniel Road, Groot Drakenstein | Tel. 0 21/ 8 70 42 10/11 | www.boschendal.com | Museum tgl. 9.30–17, Weinproben tgl. 10– 17, The Werf Restaurant Lunch 12–14.15, Farm Shop and Deli für kleinere Gerichte 8–18 Uhr
14 km nordöstl. von Stellenbosch

HELSHOOGTE PASS B3

Der schöne Pass verbindet Stellenbosch mit dem Drakenstein Valley und führt vorbei an mehreren Obstplantagen und Weingütern nach Franschhoek. Sein Name, der so viel wie Höllenhöhe heißt, stammt aus früherer Zeit und ist darauf zurückzuführen, dass die teilweise sehr steile Strecke nur schwer von Ochsenkarren bewältigt werden konnte. Der Pass wird auch gerne von ambitionierten Radfahrern be- und erfahren.
Helshoogte Road (R 310), beginnend nördl. von Stellenbosch

SOMERSET WEST B3
60 000 Einwohner

Südlich von Stellenbosch liegt Somerset West am Fuße des Helderbergs. Es wird im Norden von den Hottentots Holland Mountains begrenzt. Es gehört sowohl zum Gebiet der Winelands als auch zur False Bay. Das Helderberg Nature Reserve ist ein Paradies für Naturliebhaber. Golfer kommen auf vier verschiedenen Plätzen auf ihre Kosten. Wegen des angenehmen Klimas, das im Sommer weniger heiß als in dem weiter im Landesinneren gelegenen Stellenbosch ist, haben sich hier unter anderem viele deutsche Auswanderer niedergelassen.

20 km südl. von Stellenbosch

ESSEN UND TRINKEN
Vergelegen Wine Estate

Idyllisch – Vergelegen Wine Estate ist ein weiteres Traditionsweingut und gehört zu den schönsten der Region. Ein besonderes Erlebnis ist das Picknick, das inmitten eines Waldes unter riesigen Kampferbäumen genossen werden kann. Zur Auswahl stehen Schinken, Lachs, Pasteten und Süßes.

Vergelegen Avenue | www.vergelegen.co.za | tgl. 9.30–16.30 Uhr | Weinprobe 30 Rand

---

Picknicken auf dem Weingut

Beliebt bei Südafrikanern und Gästen ist ein Picknick auf einem idyllischen Weingut wie Vergelegen. Den Picknickkorb mitsamt dem dazu passenden Wein bekommt man vor Ort (▶ S. 15).

FRANSCHHOEK B3
17 000 Einwohner

Der malerisch im Franschhoek-Tal gelegene Ort gilt als Gourmethauptstadt des Landes und ist ein Stück Frankreich im südlichen Afrika. Nirgendwo anders findet sich eine größere Dichte an Gourmetrestaurants, mehr als 40 hochkarätige Weingüter machen den überschaubaren Ort zudem aus. Die meisten Restaurants und Cafés befinden sich auf der Hauptstraße, der Huguenot Street. In der Quaint Street findet sich außerdem eine Auswahl an kleineren Geschäften und Galerien. Die umliegenden Berge bieten perfekte Bedingungen für Outdoorsport.

Franschhoeks Gründungszeit geht auf die zweite Hälfte des 17. Jh. zurück und ist mit tragischen Geschehnissen in Europa verbunden: Nach der Aufhebung des Ediktes von Nantes, das allen Einwohnern Frankreichs die Glaubensfreiheit versprach, durch König Ludwig XIV. im Jahr 1688 wurden die protestantischen Hugenotten im ganzen Land verfolgt. 277 von ihnen flohen daraufhin auf den Schiffen der Niederländisch-Ostindischen Kompanie nach Kapstadt. Wie bereits andere Siedler vor ihnen, bekamen sie Land zugesprochen und ließen sich im heutigen Franschhoek (zu Deutsch: Franzoseneck) nieder. Unter den Einwanderern befanden sich auch viele Winzer, die schnell erkannten, dass sich ihre von Bergen umgebene neue Heimat hervorragend zum Weinanbau eignet. Schnell nahmen sie ihre Tätigkeiten wieder auf und prägten die Qualität der lokalen Weine nachhaltig. Jedes Jahr im Juli wird das Franschhoek Bastille Festival (▶ S. 53) gefeiert.

SEHENSWERTES

Franschhoek Pass

Mehr als 700 m hoch windet sich die Straße durch die Berge und bietet traumhafte Aussichten auf das Tal. Der 1819 eröffnet Pass war früher als Olifants Pass bekannt, da er von Elefanten ausgetrampelt wurde. Er gehört zu den schönsten Straßen am Kap.

Huguenot Monument

Das 1938 zum 250. Jahrestag der Ankunft der französischen Einwanderer eingeweihte Denkmal erinnert an die Vertreibung der Hugenotten aus ihrer Heimat. Das Granitmonument ist von verschiedenen symbolischen Elementen geprägt: Die Zentralfigur stellt eine Frau dar, die eine Bibel in der rechten und eine zerbrochene Kette (symbolisch für die Loslösung von religiöser Unterdrückung) in der linken Hand hält. Die drei Bögen hinter der Figur stellen die Dreifaltigkeit dar, auf ihnen ist die Sonne der Rechtschaffenheit sowie ein schlichtes Kreuz zu sehen. Als Zeichen für das Überweltliche steht die Figur auf dem Erdball. Der vor ihr befindliche Teich ist ein Symbol für Ruhe und Frieden, die die französischen Einwanderer nach ihrer Unterdrückung im eigenen Land in ihrer neuen Heimat gefunden haben.

Ecke Huguenot/Lambrecht Street

WEINGÜTER

Bread & Wine Vineyard Restaurant

Fleisch und Brot – Das rustikale Restaurant befindet sich auf dem von vier Geschwistern betriebenen Môreson Weingut in herrlich ruhiger Atmosphäre. Chefkoch des Restaurants ist

Das monumentale Hugenottendenkmal (▶ S. 129) in Franschhoek erinnert an die ersten französischen Siedler, die maßgeblich an der Entwicklung des Weinbaus beteiligt waren.

Auf dem Weingut Môreson in Franschhoek befindet sich das eher rustikale Restaurant Bread & Wine (▶ S. 129), das vom bekannten Chefkoch Neil Jewell geleitet wird.

Neil Jewell, einer der angesehensten Fleischer des Landes. Seit vielen Jahren ist er für seine feinen Wurstwaren, die aus regionalem Bio-Schweinefleisch hergestellt werden, bekannt. Auf der Speisekarte stehen angenehm bodenständige Gerichte, und schon die Wurstplatte mit frisch gebackenem Brot ist ein wahrer Genuss. Für die passende Wein-Begleitung sorgen die erlesenen Tropfen, natürlich aus eigener Produktion.

Môreson Farm, Happy Valley Road | Tel. 0 21/8 76 36 92 | www.moreson.co.za | Lunch 12–15 Uhr | €€

Haute Cabrière

Das wunderschön gelegene Weingut am Fuße der Franschhoekberge ist nicht nur für seine Weiß- und Roséweine, sondern auch für die unter der Marke Pierre Jourdan laufenden Schaumweine bekannt. Lange Zeit wurde es vom bekannten Winzer Achim von Arnim geleitet, der auch für die Produktion des ersten champagnerähnlichen Schaumweins verantwortlich war. Dieser ist seitdem als Cap Classique bekannt. Seit ein paar Jahren wird das Weingut von Sohn Takuan und seiner deutschen Frau Hildegard

geführt. Das hauseigene Restaurant im Gewölbekeller liefert seit Jahren gleichbleibend gute Qualität und gehört verdientermaßen zu den renommiertesten des Landes.
Lambrechts Road | Tel. 0 21/8 76 36 88 | www.cabriere.co.za | Lunch Di–So 12–15, Dinner Di–Sa 19–21 Uhr (Winter Fr–Sa) | €€€

La Motte
Die Weine des Traditionsguts gehören zu den besten der Region und werden ökologisch produziert. Die weitläufige Anlage umfasst mehrere historische Gebäude (die ersten Weinstöcke wurden hier bereits 1752 angepflanzt) und eine Bergwanderroute, auf der Besucher die vielfältige Vogelwelt sowie Flora und Fauna bewundern können. Das elegante Restaurant Pierneef à la Motte serviert traditionelle südafrikanische Gerichte mit einem modernen Twist und internationalen Einflüssen. Im Farmshop können einige der hauseigenen Spezialitäten wie etwa das frisch gebackene Landbrot erworben werden.
R 45, Main Road | Tel. 0 21/8 76 88 00 | www.la-motte.com | Lunch Di–So, Dinner Di–Sa | €€–€€€

MUSEEN UND GALERIEN
Huguenot Memorial Museum
Neben dem Hugenotten-Denkmal befindet sich das Hugenottenmuseum. Es widmet sich der Geschichte der französischen Einwanderer von der ersten Zeit am Kap bis heute. Außerdem gibt es eine Ausstellung von antiken Möbeln und anderen Gegenständen aus früheren Zeiten. Das Gebäude ist eine Rekonstruktion des früheren Saasveld Anwesens, das ursprünglich in der Kloof Street in Kapstadt stand. Nach Abbruch des eleganten Hauses wurden die einzelnen Bauteile nach Franschhoek transportiert und dort nach Vorbild des Originals wieder aufgebaut.
Lambrecht Street | www.museum.co.za | Mo–Sa 9–17, So 14–17 Uhr | 10 Rand, Kinder 5 Rand

ÜBERNACHTEN
Auberge Daniella
Freundliche Atmosphäre – Das stilvolle Gästehaus im französischen Stil ist ein kleines Juwel, das nur unweit vom Zentrum Franschhoeks entfernt liegt. Es verfügt über zwei großzügige Apartments mit Wohnraum, Essbereich, Küche und Schlafzimmer sowie ein Cottage für vier Personen. Alles wurde liebevoll eingerichtet, die Atmosphäre ist familiär und herzlich. Das Preis-Leistungs-Verhältnis ist sehr gut.
5 Main Road | Tel. 0 21/8 76 20 31 | www.aubergedaniella.co.za | 2 Apts., 1 Cottage | €€

Avondrood Guesthouse
Kunst und Kultur – In einem historischen Gebäude im viktorianischen Stil befindet sich das geschmackvoll restaurierte Gästehaus. Jedes charmante Zimmer hat seinen eigenen Stil, überall sind liebevolle Details zu finden. Im Badezimmer stehen elegante, frei stehende Badewannen. Die Leidenschaft der Besitzer für Kunst zeigt sich in den vielen Gemälden und Skulpturen, die im Haus und Garten zu finden sind. Ein großzügiger Pool mit Jacuzzi lädt im schön angelegten Garten zum Entspannen ein.
39 Huguenot Street | Tel. 0 21/8 76 28 81 | www.avondrood.com | 6 Zimmer | €€

Le Quartier Français

Mit Starköchin – Das luxuriöse Boutique-Hotel befindet sich nur wenige Meter von der Hauptstraße Franschhoeks entfernt und wirkt dennoch wie ein eigenes kleines Dorf, das idyllisch in die Landschaft integriert wurde. Die Zimmer und Suiten sind ein gelungener Mix aus französischem und afrikanischem Stil. Zum Anwesen des Hotels gehört das ausgezeichnete Restaurant The Tasting Room (▶ S. 29) der Starköchin Margot Janse sowie das Tapasrestaurant The Living Room.
Ecke Berg/Wilhelmina Street | Tel. 0 21/ 8 76 21 51 | www.lqf.co.za | 21 Zimmer und Suiten | €€€–€€€€

ESSEN UND TRINKEN

The Tasting Room ▶ S. 29

EINKAUFEN

Franschhoek Village Market ▶ S. 37

SERVICE

AUSKUNFT

Tourismusbüro Franschhoek
62 Huguenot Road | Tel. 0 21/8 76 28 61 | www.franschhoek.org.za | Mo–Fr 8–17, Sa 9–17, So 9–16 Uhr

PAARL B2

125 000 Einwohner

Paarl ist nach Kapstadt die zweitgrößte Stadt der Kap-Region und bildet zusammen mit Stellenbosch das Zentrum der Weinregion. Der Name der Stadt, der aus dem Afrikaans übersetzt Perle heißt, geht auf ihre Gründung im 17. Jh. und den in der Sonne schimmernden Felsen Paarl Rock zurück. Er erinnert an Perlmutt und ist heute ein Nationaldenkmal. Die ersten Siedler aus Holland und Deutschland ließen sich bereits 1687 in dem fruchtbaren Land am Berg River nieder, später folgten die Hugenotten und legten den Grundstein für die Weinindustrie. Neben ausgezeichneten Weinen wird in der Stadt heute vor allem Obst angebaut und auch eine nicht unbeträchtliche Menge an Bier produziert. Für die Bierproduktion ist vor allem der ehemalige Paulaner Braumeister Wolfgang Ködel und seine Cape Brewing Company (www.capebrewing.co.za) verantwortlich. Die 11 km lange Main Road ist die längste Hauptstraße Südafrikas und spiegelt die Geschichte der Stadt wider. Kapholländische und viktorianische Bauten vermischen sich hier mit modernem Design. Im Gegensatz zu Franschhoek gilt Paarl nicht als Gourmetstadt, dennoch sind auch hier gute Restaurants zu finden. Die meisten befinden sich auf der Main Road. In den letzten Jahren sind auch einige schöne Antiquitätenläden und Kunstgalerien wie etwa die Gallery 88 des Deutschen Herrmann Krüger mit zeitgenössischen Werken entstanden.

SEHENSWERTES

Taal Monument
Oberhalb der Stadt steht das Denkmal der Afrikaans-Sprache (Taal heißt zu Deutsch Sprache). Es besteht aus drei miteinander verbundenen Säulen sowie einem 57 m hohen Turm und wurde 1975 eingeweiht. Die drei Säulen symbolisieren die Entwicklung der Sprache und ihre Beeinflussung von unterschiedlichen Kulturen und Sprachen: den europäischen, malaiischen und afrikanischen Einflüssen. Die höchste Säule stellt das Afrikaans dar.

Gabbema Doordrift Street | www.taalmuseum.co.za | tgl. 8–20 (Winter 8–17 Uhr) | 20 Rand, Kinder 5 Rand

WEINGÜTER
Laborie Wine Farm
Das historische Weingut liegt an der Hauptstraße und gehört zu den ältesten des Landes. Bereits 1698 wurde hier Wein gekeltert. Laborie ist nicht nur für seine guten Weine, sondern auch für die Cap Classique Schaumweine bekannt. An den Probierraum ist ein Restaurant angeschlossen, außerdem gibt es ein schönes Gästehaus mit acht Zimmern. Das Weingut gehört der Winzergenossenschaft KWV (Kooperative Wijnbouwers Vereniging).
Tailleffert Street/Main Road | Tel. 0 21/8 07 33 90 | www.laboriewines.co.za | Mo–Sa 9–17, So 11–17 Uhr

Winzergenossenschaft KWV
Die Winzergenossenschaft produziert jährlich große Mengen an Wein und Spirituosen (z.B. Brandy), in den 1980er-Jahren stammten 90 % des exportierten Weines von ihr. Ein Besuch lohnt sich vor allem wegen der interessanten Kellerführungen. Hier sind unter anderem die aus Mammutbäumen hergestellten fünftgrößten Weinfässer der Welt ausgestellt.
KWV Wine Emporium, Kohler Street | Tel. 0 21/8 07 33 90 | www.stage.kwv.co.za | Mo–Sa 9–16.30, So 11–16 Uhr

MUSEEN UND GALERIEN
Afrikaans Language Museum
Paarl spielt in der Entwicklung des Afrikaans eine wichtige Rolle. Am 14. August 1875 hat sich hier die Genootskap van Regte Afrikaaners (Gemeinschaft

Das Afrikaanse Taal Monument (▶ S. 132) in Paarl steht für das Afrikaans, das 1925 zur eigenen Sprache erklärt wurde. Das imposante Denkmal symbolisiert die Entwicklung der Sprache.

der echten Afrikaner) mit dem Ziel gebildet, die Sprache auch als Schriftsprache zu etablieren. Das Datum gilt als das der Gründung der Sprache. Im darauf folgenden Jahr wurde die erste Zeitung (»Die Patriot«) in Afrikaans publiziert. Als Amtssprache wurde Afrikaans (neben Englisch) jedoch erst 1925 akzeptiert. Heute nimmt sie mit mehr als 6 Millionen Sprechern den dritten Platz der am häufigsten gesprochen Sprachen des Landes ein. Das in einem historischen Gutshaus untergebrachte Museum dokumentiert ihre Geschichte und Entwicklung.

11 Pastorie Avenue | www.taalmuseum.co.za | Mo–Fr 8.30–16.30 Uhr | 20 Rand, Kinder 5 Rand

ÜBERNACHTEN

Cape Valley Manor

Ruhige Lage – Das von einem deutschen Ehepaar geführte stilvolle Gästehaus bietet modern eingerichtete, komfortable Zimmer. Das Haus liegt in einer ruhigen Seitenstraße und ist umgeben von einem schönen Garten.

6 Plein Street | Tel. 0 21/8 72 45 45 | www.capevalleymanor.co.za | 4 Zimmer | €

Cascade Country Manor

Geschmackvoll – Etwas außerhalb liegt das Boutique-Hotel auf einem weitläufigen Anwesen. Es ist umgeben von Olivenhainen und Weingärten und ideal für Naturliebhaber, die von hier aus auch die umliegenden Wälder und Berge erkunden können. Die Zimmer und Suiten sind modern und edel eingerichtet. Im Restaurant können sich Gäste vom Hausherren Volker Goetze verwöhnen lassen. Im Angebot sind Freizeitaktivitäten, außerdem gibt es ein Spa für kleine Verwöhn-Auszeiten.

Nederburg | Waterval Road | Tel. 0 21/8 68 02 27 | www.cascademanor.co.za | 15 Zimmer und Suiten | €€

Grand Roche

In den Weinbergen – Das Fünf-Sterne-Hotel in traumhafter Lage bietet Luxus pur. Es liegt am Fuße des Paarl Rock und ist eingebettet in die Weinberge. Die stilvollen Suiten befinden sich in liebevoll restaurierten, reetgedeckten historischen Häusern. Berühmt ist auch das hauseigene Restaurant Bosman's (▶ S. 134).

Plantasie Street | Tel. 0 21/8 63 51 00 | www.granderoche.com | 28 Suiten | €€€

ESSEN UND TRINKEN

Bosman's

Vom Feinsten – Das im Grand Roche Hotel gelegene Gourmetrestaurant ist das einzige dieser Art in der Stadt und gehört zu den besten des Landes. Seine Spezialitäten umfassen sowohl klassische regionale Gerichte wie Forelle aus Franschhoek als auch ausgefallene, international inspirierte Kreationen wie Tandoori-Straußenfilet.

Plantasie Street | Tel. 0 21/8 63 51 00 | www.granderoche.com | €€€

The Deck

Herzhaftes zum Lunch – Etwas außerhalb von Paarl befindet sich das familiengeführte jüngere Weingut Ridgeback. Das hauseigene Restaurant ist mitten im Grünen an einem kleinen See gelegen. Aus der Küche kommen herzhafte südafrikanische Mittagsgerichte, die großzügig portioniert sind.

Die Nelson-Mandela-Statue steht vor dem Drakenstein Correctional Centre (▶ S. 135) bei Paarl. Seine Freilassung aus diesem Gefängnis führte zur Demokratisierung Südafrikas.

Windmeul | R 44, Langverwacht Farm | www.ridgebackwines.co.za | Lunch Di–So 12–15 Uhr

SERVICE

AUSKUNFT
Tourismusbüro Paarl
216 Main Street | Tel. 0 21/8 72 48 42 | www.paarlonline.com | Mo–Fr 8–17, Sa–So 10–13 Uhr

Ziele in der Umgebung

MANDELA HAUS　　B 2

Vor der Haftanstalt Drakenstein Correctional Centre steht eine überlebensgroße Bronzestatue, die an die Freilassung von Nelson Mandela erinnert. Am 11. Februar 1990 schritt Madiba durch die Tore des unter dem damaligen Namen Victor Verster bekannten Gefängnisses in die Freiheit, nachdem er hier den letzten Teil seiner langen Haftstrafe abgesessen hatte. Das Haus, in dem Mandela hier vor seiner Freilassung lebte, kann nach Vereinbarung besichtigt werden.

R 301, Groot Drakenstein | Tel. 0 21/8 64 80 00 | Besichtigungen nach Vereinbarung

17 km südöstl. von Paarl

PANORAMASTRASSE GARDEN ROUTE

Die Garden Route ist die berühmteste Panoramastraße des Landes und beeindruckt mit üppiger Natur, die das milde Klima sprießen lässt. Entlang dem Indischen Ozean führt sie vorbei an traumhaften Stränden und durch dichte Wälder.

Von Kapstadt aus ist die Garden Route über die Schnellstraße N 2 in gut vier Stunden mit dem Auto erreichbar. Wer jedoch ein bisschen mehr Zeit hat, sollte für die Anfahrt eine andere Route wählen und dabei das Landesinnere erkunden. Die schönere Streckenalternative führt zunächst über die N 1 zur Brandystadt Worcester und dann weiter nach Robertson. Im nahe gelegenen Montagu geht es dann auf die R 62.
Bis in die 1950er-Jahre war diese Straße die einzige Verbindungsstrecke zwischen Kapstadt und Port Elizabeth. Heute ist sie als eine der längsten Weinstraßen der Welt bekannt. Ihr Name erinnert ein bisschen an ihr amerikanisches Pendant, die berühmte Route 66, die ebenfalls quer durch das Landesinnere führt.

◀ Gar nicht wild ist der Strand von Wilderness (▶ S. 141), dafür angenehm ruhig.

Über 200 km erstreckt sich die Garden Route auf einem schmalen Küstenstreifen. Ihr offizieller Startpunkt ist der Küstenort Mossel Bay, ihr Ende findet sie am Storm River im spektakulären Tsitsikamma Nationalpark. Die Straußenhauptstadt Oudtshoorn wird gelegentlich dazu gezählt, der eigentliche Bereich der Garden Route liegt jedoch an der Küste. Die beliebtesten und gleichzeitig schönsten Orte sind Knysna und Plettenberg Bay. Knysna besticht durch eine wunderschöne Lagune, Plettenberg Bay mit langen Traumstränden.

WALE UND STRAUSSE, WÄLDER UND MEER

Was die Garden Route auf ihrer gesamten Strecke ausmacht, sind ihr mildes Klima und ihre abwechslungsreiche üppige Natur. Von feinen Sandstränden über dichte Urwälder, steile Pässe und tiefe Schluchten bis zu einer faszinierenden Tierwelt, schönen Hotels und prima Restaurants ist hier so ziemlich alles vertreten, was man sich von einem abwechslungsreichen Urlaubsgebiet wünscht.

MOSSEL BAY 🌿 D 3

130 000 Einwohner

In der Mitte zwischen Kapstadt und Port Elizabeth gelegen, gilt Mossel Bay als Tor zur Garden Route. Der ehemals verschlafene Fischerort hat sich zu einem beliebten Ferienort im Sommer gemausert. Bei Urlaubern ist die Küstenstadt wegen ihres ausgeglichenen Klimas mit mehr als 300 Sonnentagen im Jahr, den langen Sandstränden von Dana Bay und Little Brak River und den guten Wassersportmöglichkeiten beliebt. Mossel Bay wurde bereits früh von Europäern entdeckt: Im Jahr 1488 ankerte der portugiesische Seefahrer Bartolomeu Dias hier während seiner Afrikaumfahrung. Die erste Landung durch Europäer an der Ostküste Südafrikas war damit gelungen. Nach Vasco da Gama 1497 kamen im 17. Jh. die Holländer, von denen der Name Mosselbaai (Muschelbucht) stammt. Die offizielle Stadtgründung erfolgte im Jahr 1848.

MUSEEN UND GALERIEN

Bartolomeu Dias Museum Complex

Hier vereinen sich mehrere Sehenswürdigkeiten an einem Ort. Das Highlight des maritimen Museums ist der Nachbau des Schiffes, mit dem Dias vor mehr als 500 Jahren in Mossel Bay ankerte. 1988 segelte es, zum 500. Jahrestag der Landung, von Portugal aus noch einmal die von Dias gefahrene

Strecke bis Mossel Bay. Besucher können heute die verschiedenen Decks des Schiffs erkunden. Wenige Meter vom Museum entfernt steht der Old Post Office Tree. In dem unter Denkmalschutz stehenden alten Milkwood-Baum hing früher ein Lederstiefel, in dem die ersten Seefahrer Briefe für nachfolgende Schiffe deponierten. Ein kleines Behältnis in Form eines Lederstiefels dient heute noch als Briefkasten. Auch die von Diaz und seinen Männern verwendete Trinkwasserquelle ist noch im Einsatz. Zum Museumskomplex gehören noch ein Muschelmuseum, ein Nachbau des alten Speichers für Getreide und Wolle sowie die netten Botanischen Gärten.

1 Market Street | www.diasmuseum.co.za | Mo–Fr 9–16.45, Sa–So 9–15.45 Uhr | 20 Rand, Kinder 5 Rand

Ziele in der Umgebung

GONDWANA GAME RESERVE D3

Das weitläufige Privatreservat mit exklusiven Lodge-Unterkünften umfasst 11 000 ha Land und ist das größte privat geführte Game Reserve am südlichen Kap. Auf den zweimal täglich angebotenen Pirschfahrten begegnen Besucher nicht nur den Big Five Afrikas (Löwen, Elefanten, Büffeln, Nashörnern und Leoparden), sondern auch Giraffen, Antilopen, Zebras, Flusspferden und anderen Tieren.

Die 14 frei stehenden, großzügigen Bungalows und die Bush Villas wurden in Anlehnung an den traditionellen Hüttenbaustil des Khoi-San-Stammes erbaut. Eine breite Glasfront bietet traumhafte Blicke über das Tal. Vom Bett aus lassen sich durch eine Glaskuppel die Sterne beobachten. Am Abend werden die Gäste beim romantischen Dinner mit europäisch-afrikanischen Mahlzeiten oder Barbecue in freier Natur verwöhnt. Auch Picknick oder Bushfrühstück stehen auf dem Programm. Tagesgäste sind in der Game Reserve willkommen.

Abseits der R 327, Herbertsdale Road | Tel. 0 74/5 82 48 61 | www.gondwanagr.co.za | Pirschfahrt für Tagesgäste 550 Rand (frühzeitige Buchung notwendig) | €€€€

40 km nordwestl. von Mossel Bay

GEORGE E2/3

160 000 Einwohner

Die Universitäts- und Industriestadt gehört zu den größten Städten des Western Cape und ist der Hauptort der Garden Route. Ihr Name geht auf die Gründung im Jahr 1811 zurück: Die Stadt stand damals unter britischer Herrschaft, ihr Namensgeber war König George III. Vor der alten Bibliothek (in der sich heute das Tourismusbüro befindet) wurde 1812 eine Eiche gepflanzt, an der später Sklaven angekettet zum Verkauf angeboten wurden. Ein Stück der alten Kette hat sich in den Baum eingefressen und ist heute noch zu sehen. Trotz kleineren Sehenswürdigkeiten und einem vielfältigen Freizeitangebot gehört George nicht zu den attraktivsten Orten an der Garden Route.

Beliebt ist die Stadt jedoch bei Golfern, denn hier in der Gegend befinden sich zwei weltberühmte Golfplätze: der Fancourt, entworfen von Gary Player, und der sehr hügelige und bewaldete, traditionsreiche George Golf Club von 1886.

Bei der architektonischen Gestaltung der Kwena Lodge im Gondwana Game Reserve (▶ S. 138) wurde der Baustil der traditionellen Khoi-San Hütten thematisch aufgenommen.

SEHENSWERTES

Seven Passes Road

Die 75 km lange, teilweise ungeteerte Panoramastrecke schlängelt sich von George nach Knysna entlang der Outeniqua Mountains durch dichtes Grün. Brücken führen über tiefe Schluchten und bieten atemberaubende Aussichten. An den Aussichtspunkten gibt es schöne Picknickplätze. Im Jahr 1867 wurde die historische Straße vom berühmten südafrikanischen Straßenbaumeister Thomas Bain erbaut.

Aus George kommend über Knysna Road, nach Pick 'n' Pay Supermarkt links

MUSEEN UND GALERIEN

Outeniqua Transport Museum

In einer großen alten Lagerhalle sind Lokomotiven und Waggons aus nahezu allen Epochen der südafrikanischen Eisenbahngeschichte ausgestellt. Besonders eindrucksvoll sind die alten Dampflokomotiven und Luxuszüge. Ein eleganter Salonwagen wurde für den Besuch der königlichen Familie (1947) ausgestattet. Der berühmte Choo-Tjoe war ein Museumszug, der im Sommer fast täglich Passagiere von George nach Mossel Bay sowie später von George nach Knysna beförderte und dabei spektakuläre Aussichten bot. 2006 wurde der Betrieb des historischen Zuges eingestellt.

2 Mission Road | www.outeniquachoo tjoe.co.za | Mo–Fr 8–16.30, Sa 8–14 Uhr

Ziele in der Umgebung

◎ OUDTSHOORN ⬥ D2
96 000 Einwohner

Die größte Stadt der Kleinen Karoo ist für ihre Straußenzucht bekannt. Hier leben rund 100 000 der großen Vögel. Während der Boomzeiten im 19. und 20. Jh. waren die Straußenfarmer so reich, dass sich einige von ihnen prachtvolle Paläste bauten, die heute zu den Sehenswürdigkeiten der Stadt gehören. Während früher die Federn der Strauße äußerst begehrt waren, lebt die heutige Straußenindustrie hauptsächlich von Straußenleder und Straußenfleisch. Neben den Straußenfarmen und den Palästen bietet Oudtshoorn eine weitere wichtige Sehenswürdigkeit: die außerhalb gelegenen Tropfsteinhöhlen Cango Caves. Sie gehören zu den schönsten der Welt.

60 km nördl. von George

◎ OUTENIQUA PASS ⬥ E2

Der nördlich von George beginnende spektakuläre Pass verbindet die Stadt mit Oudtshoorn und der Kleinen Karoo Halbwüste. 1943 wurde mit dem Bau begonnen, acht Jahre lang wurde er mithilfe von mehr als 500 italienischen Kriegsgefangenen gebaut. Mehrere Aussichtspunkte lohnen einen Zwischenstopp, viele davon können jedoch nur auf der Fahrt bergab angefahren werden. Vom Aussichtspunkt 4 Passes sind der Montagu Pass, der frühere

Diese Strauße sind die größten Laufvögel der Welt, Männchen werden bis zu 2,5 m groß. Die genügsamen Tiere lieferten schon den Ureinwohnern lebensnotwendiges Fleisch.

Pass der Eisenbahnroute Choo-Tjoe, der Outeniqua Pass und der Cradock's Pass zu sehen. Letzterer wurde als Vorgänger des Montagu Passes 1815 fertiggestellt. Er war nur 10 km lang, aber viel zu steil. Ochsenwagen brauchten bis zu 18 Stunden, bis sie oben angekommen waren. Überreste des alten Passes sind bis heute zu sehen.

Nördl. an George anschließend

◎ SWARTBERG PASS　D2

Wer noch genügend Zeit hat, um weiter ins Landesinnere zu fahren, sollte über den Swartberg Pass fahren. Das Meisterwerk von Thomas Bain ist eine Sehenswürdigkeit für sich und für viele der schönste Pass am Western Cape. Aus Oudtshoorn kommend schlängelt sich die R 328 dicht an den Abhängen der Swartberghänge hinauf zum Pass. Die Swartberge trennen die Große von der Kleinen Karoo und gehören sowohl zum Cape Floral Kingdom als auch zum UNESCO-Weltnaturerbe. Von der staubigen Sandstraße bieten sich grandiose Aussichten. Von 1881 bis 1886 wurde der 27 km lange Swartberg Pass mithilfe von 240 Häftlingen erbaut. Er war Bains letzter Auftrag und krönte sein Lebenswerk. Zum 100. Jahrestag der Eröffnung wurde der eindrucksvolle Pass zu einem Nationaldenkmal Südafrikas erklärt. Die Befahrung ist mit einem normalen Pkw möglich, bei Regen sollte jedoch unbedingt eine andere Route gewählt werden, da nicht allradbetriebene Fahrzeuge leicht ins Rutschen geraten. Für die 72 km lange Strecke von Oudtshoorn nach Prince Albert sollten gut zwei Stunden eingeplant werden.

95 km nördl. von George

WILDERNESS　E3

7000 Einwohner

Der kleine Küstenort besticht durch seinen 8 km langen, wunderschönen Sandstrand sowie durch seine vielen Lagunen und Flüsse. Vom Aussichtspunkt Dolphin Point bietet sich ein schöner Blick über die Küsten- und Lagunenlandschaft. Ein weiterer empfehlenswerter Zwischenstopp ist der Aussichtspunkt Map of Africa, der aus dem Ort kommend über eine schmale Straße bergauf erreicht werden kann. Seinen Namen verdankt er dem Umstand, dass der Blick nach Norden in das gewundene Tal des Kaaimans Rivers den Umrissen Afrikas ähnelt. Der Ausblick in die entgegengesetzte Richtung über das Meer, Wilderness und die Garden Route ist ebenfalls attraktiv. Besucher kommen in erster Linie hierher, um die eindrucksvolle Natur zu erkunden. Kurz hinter dem Ortsausgang beginnt der Wilderness-Teil des gigantischen Garden Route National Park, der eine Fläche von 1210 qkm umfasst.

SEHENSWERTES

Garden Route National Park (Wilderness-Teil)

Der erste Teil des Nationalparks beeindruckt durch eine abwechslungsreiche Kombination aus Flusstälern, Bergwäldern, Meeresarmen, Stränden und Küstenlandschaften. Das Nebeneinander von Salz-, Süß- und Brackwasser sorgt für eine vielfältige Flora und Fauna. Der Park zählt deshalb zu den artenreichsten Wasservogel-Gebieten des Landes. Neben diversen Vogel- und Fischarten, darunter auch das Knysna-Seepferdchen, sind im Park auch Otter, Stachelschweine und Meerkatzen ansässig. Das weitläufige Areal bietet nicht nur herrliche Bademöglichkeiten, sondern auch gute Gelegenheiten zum Segeln, Angeln und Kanufahren. Wanderbegeisterte können den Park auf verschiedenen Naturpfaden erkunden. Übernachtungsmöglichkeiten sind in Cottages und mehr oder weniger rustikalen Hütten und Campingplätzen vorhanden.

🕒 Während der Blütezeit im Frühling (wenn der Park von einem bunten Blumenmeer durchzogen ist) oder zur Wal- und Delfinbeobachtung im Herbst.
Über die N2, 2 km östl. von Wilderness | www.sanparks.co.za/parks/garden_route | tgl. 7–18 Uhr | 32 Rand, Kinder 16 Rand

ÜBERNACHTEN

Cinnamon Guest House

In Strandnähe – Das Gästehaus wirkt auf den ersten Blick wie ein kleines Hotel, jedoch wird hier viel Wert auf eine persönliche und familiäre Atmosphäre gelegt. Die großzügigen Zimmer sind geschmackvoll eingerichtet und verfügen über einen Balkon sowie Klimaanlage. Das Frühstück gibt es auf der Terrasse, den Abend beschließt man in der schicken Bar. Der Strand befindet sich nur wenige Gehminuten vom Gästehaus entfernt. Restaurants sind ebenfalls in direkter Nähe zu finden.
2351 Beacon Road | Tel. 0 44/8 77 13 24 | www.cinnamonhouse.co.za | 13 Zimmer | €€

Dune Guest House

Tolles Frühstück – Das moderne Gästehaus befindet sich auf einer Düne in wunderschöner Lage am Strand. Seine vier Zimmer sind luxuriös eingerichtet. Der sympathische Schweizer Besitzer gibt seinen Gästen hilfreiche Tipps für die Reiseplanung. Am Morgen sorgt ein köstliches Frühstück für einen guten Start in den Tag.
31 Die Duin | Tel. 0 44/8 77 02 98 | www.thedune.co.za | 4 Zimmer | €

The Ocean View Guest House

Mit Penthouse – Ein paar Häuser weiter und ebenfalls in bester Strandlage liegt das Ocean View Guest House mit seinen breiten Glasfronten, die herrliche Aussichten bieten. Die Ausstattung ist schick und hochmodern, die Zimmer sind individuell eingerichtet. Mit Glück können vom Bett aus Wale oder Delfine beobachtet werden. Besonderen Luxus bietet das neue Penthouse.
39 Die Duin | Tel. 0 44/8 77 03 16 | www.theoceanview.co.za | 6 Zimmer | €€

ESSEN UND TRINKEN

Flava Café

Multikulti – Die Karte des trendigen Cafés ist ein bunter Mix aus internationalen Spezialitäten: von orientalischen Gerichten wie Couscous-Salat mit Garnelen, Guacamole, Blauschimmelkäse und Melone bis zu thailändischen Fischküchlein. Daneben gibt es eine gute Auswahl an Burgern, dazu Fleisch-, Fisch- und vegetarische Gerichte. In der offenen Küche lassen sich die Köche bei der Arbeit beobachten. Die besten Plätze bietet die gemütliche Dachterrasse.
George Road | Tel. 0 44/8 77 03 45 | www.flavacafe.co.za | €

Serendipity

Mehrfach ausgezeichnet – Am Ufer des Touw River befindet sich das Res-

Die Stadt Knysna (▶ S. 143) lebt heute hauptsächlich vom Wassersport-Tourismus an der großen Lagune und ist durch die umgebenden Outeniqua-Berge auch bei Wanderern beliebt.

taurant und gleichnamige Gästehaus. Hier wird feinste südafrikanische Küche in stilvollem Ambiente serviert. Die Karte wechselt oft, Wildspezialitäten wie Kudu, Springbock oder Strauß gehören zu den Klassikern. Eine gute Wahl ist das 5-Gänge-Menü, das mit passenden Weinen serviert wird.
Freesia Avenue | Tel. 0 44/8 77 04 33 | www.serendipitywilderness.com | €€

KNYSNA

E3

55 000 Einwohner

Die malerische Küstenstadt Knysna bildet das Herz der Garden Route. Ihre Besonderheit ist die rund 20 qkm große Lagune, die durch eine schmale felsige Einfahrt, den Knysna Heads, mit dem Indischen Ozean verbunden ist. Zudem ist die Stadt umgeben von den größten zusammenhängenden Wäldern Südafrikas. Der Name Knysna ist ein Begriff aus der Sprache der Khoi und heißt so viel wie Ort des Holzes. Gegründet wurde Knysna 1804 von George Rex, dem angeblich unehelichen Sohn von Georg III. Er hatte großen Einfluss auf die wirtschaftliche Entwicklung der Stadt und machte sie 1817 zur Hafenstadt, was einen enormen Aufschwung der Holzindustrie im 19. Jh. zur Folge hatte. Im Gegensatz zu den benachbarten Orten Wilderness und Plettenberg Bay ist Knysna kein klassischer Badeort. Den einzigen Zugang zum Meer bietet der wenige Kilometer entfernte schöne Strand von Brenton-on-Sea. Die kulinarische Spezialität der Stadt sind Austern. Ihnen ist sogar ein Festival im Juli gewidmet (▶ S. 52). Vom Hafen aus fahren Boote in die Lagune. Da die Stadt bei Südafrikanern und ausländischen Touristen gleichermaßen beliebt ist, geht es hier vor allem im Sommer recht touristisch zu. Wer es ruhiger mag, sollte auf die Vororte ausweichen.

Am Ende von Knysnas Hauptstraße geht es zur Halbinsel Thesen Island (www.thesenharbourtown.co.za) mit ihren exklusiven Wohnhäusern und Apartments. Um den Jachthafen versammeln sich Geschäfte und Galerien, die zum Schlendern einladen. Außerdem gibt es einige Restaurants und Bars. Übernachtungsmöglichkeiten bieten die beiden hier gelegenen Hotels The Lofts und The Turbine Hotel. Wer es lieber außergewöhnlich mag, sollte auf einem der schönen Hausboote nächtigen.

🕒 Zwischen März und Oktober, wenn es weniger voll ist und die Stadt sich mit mehr Ruhe genießen lässt.

SEHENSWERTES

Featherbed Nature Reserve

Das auf dem westlichen Knysna Head gelegene Privatreservat ist nur mit einer Fähre über die Lagune erreichbar. Eine organisierte Tour dauert vier Stunden und beinhaltet eine Bootstour, den Transport durchs Resort mit Allradfahrzeugen und Informationen über das 150 ha große Reservat. Von der Spitze des Western Head führt ein 2,2 km langer Weg vorbei an Klippen und Höhlen hinunter zur Küste. Immer wieder bieten sich von hier aus schöne Aussichten auf die Stadt und die Lagune. Endstation der Tour ist ein Restaurant, in dem ein Mittagessen angeboten wird (optional).

Featherbed Ferrry Terminus, Remembrance Drive (Waterfront Knysna Quays) | www.knysnafeatherbed.com | tgl. 10, 11.30, 12.30 (ohne Lunch 8.30, 14.30 Uhr) | 380 Rand, Kinder 130 Rand

Knysna Forest

Nördlich des Stadtgebiets befindet sich der Knynsa Forest. Rund 80 000 ha sind von dem ursprünglich noch viel größeren und undurchdringlichen Wald übrig geblieben. In der Vergangenheit wurde er durch die Forstwirtschaft stark ausgebeutet, auch ein großer Brand hat viel zerstört, aber heute wird er als Teil des Naturerbes von Südafrika geschützt.

In dem weitläufigen Gebiet finden sich mehr als 100 verschiedene Baumarten. Einige der hier wachsenden »yellowwood trees« sollen mehr als 800 Jahre alt sein. Im 19. Jh. lebten Hunderte von Elefanten im sicheren Schutz des dichten Waldes. Heute befinden sich nur noch wenige Tiere im Wald, die genaue Anzahl ist nicht bekannt. Man vermutet aber, dass es nur noch drei Tiere sind. Neben diversen Vogelarten lassen sich im Wald auch Antilopen und andere Tiere entdecken.

Über mehrere Spazier- und Wanderwege kann man den Wald am besten erkunden. Besonders empfehlenswert sind der 9 km lange Woodcutters Walk sowie der 5,6 km lange, relativ einfache Millwood Mine Walk, der über die alten Goldminen führt. Wer nicht so gut zu Fuß, aber sattelfest ist, kann durch den Wald reiten.

Knysna Heads

Der Eingang der Lagune wird von zwei mächtigen Sandsteinklippen, den Knysna Heads, umrahmt. Die Royal Navy bezeichnete die Einfahrt zum Hafen einst als eine der gefährlichsten der Welt. Die östliche Seite der Höhe ist leichter zu erreichen als die westliche, die nur mit dem Boot angefahren werden kann. Auf den Klippen befinden sich verschiedene Aussichtspunkte, die einen tollen Blick auf die Lagune und die Brandung bieten.

Noetzie Castles

Auf der Fahrt über die N 2 von Knysna in Richtung Plettenberg Bay fahren Sie an den Townships am östlichen Stadtrand vorbei. Hier lebt unter anderem die größte Rastafari-Gemeinde im Western Cape. Nach etwa zehn Minuten erreichen Sie den Zugang zu den Noetzie Castles. Vom Parkplatz geht es über eine steile Treppe hinunter zum schönen Sandstrand. Der früher einsame Abschnitt ist heute bekannt für seine ungewöhnlichen Bauwerke, die in den 1930er-Jahren entstanden sind. Die vier Burgen wurden aus den hier vorkommenden Natursteinen gebaut und wirken wie aus einer längst vergangenen Zeit. Drei von vier Burgen bieten Übernachtungsmöglichkeiten an.
Noetzie Road (Hornless Road) | www.noetziecastles.co.za

Fast unwirklich wirken die Noetzie Castles (▶ S. 145) genannten Gebäude am Noetzie Beach. Die »Schlösser« wurden als Ferienhäuser aus dem dort vorkommenden Stein erbaut.

Plettenberg Bay (▶ S. 148) an der Garden Route, kurz »Plett« genannt, trumpft mit langen Sandstränden auf, die auch in der Hochsaison noch stille Ecken ohne Trubel bieten.

ÜBERNACHTEN

Phantom Forest Eco Reserve

Schlafen im Baumhaus – Wenige Kilometer außerhalb von Knysna befindet sich das außergewöhnliche Öko-Hotel. Es ist in einem privaten Naturreservat hoch oben, inmitten eines Waldes gelegen. Gäste übernachten in komfortablen Baumhäusern, die im afrikanischen oder marokkanischen Stil eingerichtet sind. Vom Balkon aus bieten sich tolle Aussichten über die Lagune und den Wald. Das Abendessen wird im Freiluftrestaurant mit offener Feuerstelle serviert.

Phantom Forest Road | Tel. 0 44/ 3 86 00 46 | www.phantomforest.com | 14 Baumhäuser | €€€€

Villa Afrikana Guest Suites

Blick zur Lagune – Das moderne Gästehaus befindet sich in einem ruhigen Wohngebiet mit schönem Ausblick auf die Lagune. In der eleganten Villa sind traditionell afrikanische mit modernen Elementen harmonisch vereint. Alle Suiten sind zur Lagune ausgerichtet, breite Fensterfronten ermöglichen eine tolle Sicht. Die freundlichen Gastgeber kümmern sich herzlich um ihre Gäste.

13 Watsonia Drive | Tel. 0 44/3 82 49 89 | www.villaafrikana.com | 6 Suiten | €€

ESSEN UND TRINKEN
RESTAURANTS
34° South
Mit Feinschmeckerladen – Die Spezialität des am Jachthafen gelegenen Bistros ist frischer Fisch in allen Variationen. Außerdem gibt es Mezze (orientalische Kleinigkeiten), leichte Mittagsgerichte und Salate. Im dazugehörigen Delikatessengeschäft können Selbstversorger einkaufen.
Knysna Waterfront, Shop 19 | Tel. 0 44/3 82 73 31 | www.34south.biz | €€

Fire Fly Eating House
Gut und scharf – Das kleine Restaurant serviert die besten (und auf Wunsch auch schärfsten) Currys der Stadt. Die beiden Betreiberinnen haben auf ihren Reisen durch Afrika und Asien exotische Gewürze und Rezepte gesammelt. Um die Schärfe der Currys, die aber auch mild zubereitet werden können, abzumildern, gibt es ein erfrischendes Lassi (indisches Joghurtgetränk) dazu.
152 a Old Cape Road | Tel. 0 44/3 82 14 90 | www.fireflyeatinghouse.com | €€

CAFÉS
île de païn
Für viele ist die Bäckerei die beste der Region. Beliebt ist auch das dazugehörige gemütliche Café, das hervorragendes Frühstück und Mittagsgerichte mit internationalen Einflüssen anbietet. Teil des sympathischen Teams sind sozial Benachteiligte, die vorher noch nie eine Anstellung hatten und die Chance auf Verbesserung ihrer Lebenssituation erhalten haben. Einziger Nachteil: Mittlerweile ist das Île de Païn so beliebt, dass es am Wochenende schwierig ist, einen Platz zu ergattern.
The Boatshed | 10 Thesen Island | Tel. 0 44/3 02 57 07 | www.iledepain.co.za | €€

EINKAUFEN
The Waterfront Knysna Quays
Wie das große Vorbild der V & A Waterfront in Kapstadt ist auch diese kleinere Ausgabe des Komplexes eine Mischung aus Geschäften, Restaurants und Bars. Vom Hafen aus starten die Touren zum Featherbed Nature Reserve (▶ S. 144) sowie Segeltörns auf das offene Meer.
Waterfront Drive | www.knysnawaterfront.com

SERVICE
AUSKUNFT
Tourismusbüro Knysna
40 Main Road | Tel. 0 44/3 82 55 10 | www.visitknysna.co.za

Ziele in der Umgebung
KNYSNA ELEPHANT PARK E3
Der 1994 gegründete Elefantenpark war der erste des Landes, der sich um die Aufnahme und Pflege von verwaisten Afrikanischen Elefanten kümmerte. Schon als Kind war der Betreiber Ian Withers fasziniert von ihnen und hatte später die kühne Idee, die Elefanten zurück nach Knysna zu holen. Zusammen mit seiner Frau Lisette betreibt er das Schutzzentrum seit über 20 Jahren. Mehr als 30 Elefanten konnten in dieser Zeit aufgezogen und versorgt werden. Die ersten dickhäutigen

Bewohner des Parks waren die beiden Elefantenwaisen Harry und Sally, deren Mütter im Krüger Nationalpark Opfer eines Culling-Programms (gezieltes Abschießen von Elefanten wegen Übervölkerung) wurden. Neun Tiere sind im Park aktuell heimisch. Besucher haben die Möglichkeit, ihnen bei einem Ausritt ganz nah zu kommen, außerdem erfahren sie im angeschlossenen Museum Interessantes über die sensiblen Tiere und die Geschichte der Elefantenpopulation in Knysna. Wem das nicht genug ist, kann sogar mit Blick auf die schlafenden Elefanten übernachten (6 Zimmer, €€).

Abseits der N 2 in Harkerville, zwischen Knysna und Plettenberg | www.knysna elephantpark.co.za | tgl. 7–17 Uhr | 250 Rand, Kinder 110 Rand
23 km westl. von Knysna

PLETTENBERG BAY E3

35 000 Einwohner

Mit seinen 15 km langen Stränden und 320 Sonnentagen im Jahr ist Plettenberg Bay bei Südafrikanern und ausländischen Touristen gleichermaßen beliebt. Schon die im 18. Jh. hier ankommenden Portugiesen waren von der Bucht so beeindruckt, dass sie ihr den Namen Bahia formosa, schöne Bucht, gaben. Historische Sehenswürdigkeiten sind hier nicht vorhanden. Das tut dem Ferienort aber keinen Abbruch, denn Besucher kommen zum Sonnen, Surfen oder Schnorcheln an den Strand. An der Hauptstraße sind neben einigen guten Restaurants und schönen Cafés auch Modegeschäfte, Juweliere und Kunstgalerien versammelt. Während der Walsaison ist Plettenberg Bay ein beliebter Ort für Beobachtungsfahrten (www.oceanad ventures.co.za). Wer es lieber ruhig mag, kann sich in den Vorort oberhalb des Strandabschnitts Robberg Beach zurückziehen. Hier befindet sich auch das Robberg Nature Reserve mit seiner außergewöhnlichen und sehr schönen Lage am Meer. Etwas weiter außerhalb liegt das Gebiet The Crags mit mehreren Tierreservaten.

Für Birds of Eden, Monkeyland und Jukani Wildlife Sanctuary gibt es einen sogenannten Hopper Pass, mit dem man alle drei Reservate besuchen kann. Er kostet 368 Rand für Erwachsene, Kinder zahlen 184 Rand.

SEHENSWERTES

Birds of Eden

Das größte Vogelhaus der Welt ist ein Paradies für Vogelliebhaber. Über Laufstege werden Besucher bei lautem Gezwitscher durch einen dichten Dschungel mit Wasserfällen geführt. Auf 23 000 qm gibt es mehr als 3500 Vögel zu beobachten.

The Crags | www.birdsofeden.co.za | tgl. 8.30–17 Uhr | 175 Rand, Kinder 88 Rand

Elephant Sanctuary

Das weitläufige Elefanten-Schutzgebiet ist in eine schöne Landschaft eingebettet. Mittlerweile leben hier zwölf Elefanten. Während einer geführten Tour mit »Hand-in-Rüssel«-Spaziergang erfahren die Besucher viel über das Verhalten der afrikanischen Dickhäuter. Wer ihnen ganz nah kommen möchte, darf auch auf ihnen reiten.

The Crags, Monkeyland Road | www. elephantsanctuary.co.za | tgl. 8–17 Uhr | 500 Rand, Kinder 240 Rand

Diese Südliche Grünmeerkatze lebt im Monkeyland Primate Sanctuary (▶ S. 149), dem ersten Schutzgebiet für unterschiedlichste Affenarten wie Lemuren und Menschenaffen.

Jukani Wildlife Sanctuary

Das Wildreservat für kleinere und größere afrikanische und internationale Wildkatzen bietet sehenswerte Mini-Safaris an. Auf der ein- bis eineinhalbstündigen geführten Tour in Englisch oder Afrikaans bekommen Gäste die Gelegenheit, Löwen, Leoparden, Geparden, Tiger, Hyänen und andere Raubtiere sowie einige Schlangen aus nächster Nähe zu beobachten. Mit Shop und Restaurant.

The Crags, Plett Puzzle Park | www.jukani.co.za | tgl. 8.30–17 Uhr | 175 Rand, Kinder 88 Rand

Monkeyland Primate Sanctuary

Das weltweit anerkannte Rehabilitationszentrum für Primaten lädt zu einer Erkundungstour durch ein 12 ha großes Urwaldgehege ein. Auf einer einstündigen geführten Tour gibt es 18 verschiedene Affenarten zu entdecken, mehr als die Hälfte von ihnen läuft frei herum und lebt in einer natürlichen Umgebung. Die Sanctuary ist barrierefrei und verfügt über ein Restaurant. Die Guides sind auch deutschsprachig.

The Crags, Monkeyland Road | www.monkeyland.co.za | tgl. 8.30–17 Uhr | 175 Rand, Kinder 88 Rand

Robberg Island Nature Reserve

Das Naturschutzgebiet Robberg Island befindet sich auf einer Halbinsel unmittelbar an der Küste der südlichen Plettenberg Bucht. Unzählige Wasservogelarten haben sich hier niedergelassen. Über mehrere Wanderwege, die eine Ausdauer von einer bis zu vier Stunden erfordern, lässt sich das schöne Gebiet erkunden. Das umgebende Küstengewässer ist ebenfalls Teil des Reservats und beheimatet neben Walen und Delfinen auch eine Kolonie von Pelzrobben, die sich an der Küste tummeln. In der Nähe des Parkeingangs befindet sich die Nelson Bay Cave, auch Wagenaar's Cave genannt, sowie ein kleines Informationszentrum dazu. Vor mehr als 100 000 Jahren sollen hier in der Steinzeit bereits Menschen gelebt haben. Im 17. Jh. strandete an der Küste ein portugiesisches Schiff, dessen Besatzung gezwungen war, fast ein Jahr lang hier auszuharren.

Greater Plettenberg Bay | tgl. 8–17 Uhr | 40 Rand, Kinder 20 Rand

ÜBERNACHTEN

Bayside Lodge 👣

Nette Gastgeber – Das familienfreundliche Gästehaus befindet sich in einem ruhigen Wohngebiet oberhalb des Robberg Beach. Die gemütlichen Zimmer sind individuell im englischen Stil eingerichtet. Im Garten gibt es einen kleinen Meerwasserswimmingpool. Die freundlichen Besitzer, beide erfahrene Hotelmanager, stehen ihren Gästen bei der Reiseplanung gerne hilfsbereit zur Seite.

5 Sanganger Avenue | Tel. 0 44/ 5 33 06 01 | www.baysidelodge.co.za | 5 Zimmer | €

The Country House

Empfehlenswertes Restaurant – Das gehobene Country-Hotel befindet sich zwischen Plettenberg und Knysna in bezaubernder Lage. Jede Suite ist in einer eigenen kleinen Hütte untergebracht und im modernen Landhausstil eingerichtet. Suiten der einfachen Kategorie verfügen über eine Terrasse mit Zugang zum Garten, zu den gehobenen Kategorien gehört ein eigener Pool. Das Abendessen wird im eleganten Speisesaal serviert und ist absolut empfehlenswert.

Abseits der N 2, 10 km westl. von Plettenberg Bay | Tel. 0 44/5 32 78 18 | www.countryhouse.hunterhotels.com | 19 Suiten | €€€

The Robberg

Schöne Dachterrasse – Das nur durch eine kleinere Straße vom Robberg Beach entfernte Strandhotel bietet geschmackvolle Zimmer, die auf vier Villen verteilt sind. Den besten Meerblick bietet die auf einer Düne gelegene Beachy Head Villa. Von den Zimmern des Robberg House lassen sich der Strand und das Naturreservat überblicken. Auf der Dachterrasse, die allen Gästen zugänglich ist, kann man die schöne Aussicht bei einem Sundowner genießen.

89 Beachyhead Drive | Tel. 0 44/ 5 33 03 69 | www.therobberg.co.za | 29 Zimmer | €€–€€€

ESSEN UND TRINKEN

Emily Moon

Lokale Zutaten – Wer das Restaurant des gleichnamigen Gästehauses betritt, taucht in eine andere Welt ein. Die kreativen Besitzer haben das gesamte

Haus passend zur selbst erfundenen Geschichte einer fiktiven Abenteuerfigur entworfen. Ein Besuch des Restaurants bei Kerzenschein am Abend ist ein besonderes Erlebnis. Die für die hervorragenden Gerichte verwendeten frischen Zutaten stammen zum Teil aus eigenem Anbau, der Rest kommt von lokalen Bio-Bauern. Zum Haus gehören geräumige Suiten, die in komfortablen, frei stehenden Lodges untergebracht sind.
Rietvlei Road | Tel. 0 44/5 01 25 00 | www.emilymoon.co.za | 10 Lodges | €€

Ristorante Enrico
Selbst gefangener Fisch – Das Restaurant des Italieners Enrico mit der schönen Terrasse befindet sich direkt am Strand und macht seinem Slogan »any closer, you will get wet« (näher dran und du wirst nass) alle Ehre. Damit nur der beste und frischeste Fisch auf den Teller kommt, überlässt der Chef nichts dem Zufall und fährt täglich mit seinem Boot raus. Die Mühe lohnt sich, denn Enricos Seafood-Spezialitäten gehören zu den besten an der Garden Route. Außerdem gibt es italienische Pizza und Antipasti.
Keurbooms Strand | Tel. 0 44/5 35 98 16 | www.enricorestaurant.co.za | €€

Lookout Deck & Restaurant
Lokaler Hotspot – Ebenfalls direkt am Meer gelegen ist das Lookout Restaurant am gleichnamigen Strand mit tollem Ausblick von der Terrasse. Das Essen ist eher einfach, aber gut. Neben Mittag- und Abendessen wird auch Frühstück angeboten. Außerdem gibt es eine gute Auswahl an Cocktails. Das

Mündung und Lagune des Grootrivier Flusses: Ruhe, Sand, Felsen und Einsamkeit prägen die Umgebung des kleinen Ortes Nature's Valley (▶ S. 152) im Tsitsikamma National Park.

Restaurant ist auch ein beliebter Treffpunkt von Einheimischen.
Hill Street, Lookout Beach | Tel. 044/5331379 | www.lookout.co.za | €€

SERVICE
AUSKUNFT
Tourismusbüro Plettenberg Bay
Melvilles Corner, Main Street | Tel. 044/5334065 | www.plett-tourism.co.za

Ziele in der Umgebung

NATURE'S VALLEY F2/3

Ein 20 km langer Traumstrand, daneben eine Lagune, unberührte Natur, umgeben von sattgrünen Wäldern – Nature's Valley ist ein einzigartiges Naturparadies. Es liegt an der Lagune des Groot Rivers und ist umgeben vom Tsitsikamma Forest. Nur eine kleine, nostalgisch wirkende Feriensiedlung mit wenigen Häusern ist hier zu finden, ansonsten ist das Tal unbewohnt. Die hier lebenden Paviane stolzieren über die Straße, in den Bäumen verstecken sich Grüne Meerkatzen. Hier ist ein guter Ausgangspunkt für Erkundungen im angrenzenden Tsitsikamma National Park. Unterkunft findet man in Hütten für 2 bis 4 Personen, teils mit eigenem Bad, oder auf dem Campingplatz (www.sanparks.org).
33 km östl. von Plettenberg Bay

TSITSIKAMMA F2

Das Gebiet des Tsitsikamma befindet sich hauptsächlich auf einem 200 m hohen Plateau und erstreckt sich vom Bloukrans River im Westen bis zum Tsitsikamma River im Osten. Im Norden wird es von den imposanten Tsitsikamma-Bergen begrenzt, im Süden endet es mit dem Indischen Ozean. Der zum Garden Route National Park gehörende Abschnitt Tsitsikamma umfasst 640 qkm sowie eine rund 100 km lange Küstenlinie. Sein Gebiet breitet sich vom ursprünglichen Urwald, der zu den letzten seiner Art in Südafrika zählt, bis 5,5 km weit in den Indischen Ozean aus. Bekannt ist der Nationalpark für seine grandiosen Wälder, Schluchten, Wasserfälle und eine malerische Küste. Neben diversen Vogel-

---

Wollen Sie's wagen?

Wer besonders mutig ist, stürzt sich von der Bloukrans Brücke mehr als 216 m in die Tiefe und kann dabei behaupten, den höchsten Bungee-Jump der Welt gewagt zu haben. Alle, die nicht selbst springen, sollten unbedingt zuschauen. Auch das ist ein Erlebnis.
Bloukrans Bungee | www.faceadrenalin.com | tgl. 9–17 Uhr | 850 Rand

---

arten gibt es hier auch Paviane und kleinere Antilopenarten. Am besten lässt sich die einzigartige Natur beim Wandern entdecken. Die berühmtesten Wanderwege sind der fünftägige Otter Trail und der Tsitsikamma Mountain Trail. Für beide Strecken ist eine rechtzeitige Anmeldung und gute Kondition erforderlich. Daneben gibt es kürzere Tagesstrecken wie den Kranshoek oder Perdekop Walk. Der Name Tsitsikamma stammt aus der Khoi-Sprache und bedeutet klares, sprudelndes Wasser.
www.tsitsikamma.info, www.sanparks.org

Diese Hängebrücke über die Mündung des Storm River liegt im Tsitsikamma-Teil (▶ S. 152) des Garden Route National Park. Hier beginnt auch der Otter Trail zum Nature's Valley.

SEHENSWERTES

Canopy Tour

Ein besonderes Erlebnis für Besucher, die nicht unter Höhenangst leiden, ist die Canopy Tour. Hoch oben in den Bäumen (ca. 30 m über dem Erdboden) schwingt man sich über Stahlkabel zu den in riesigen »yellowwood trees« liegenden Plattformen. Die atemberaubende Aussicht und der Spaß entschädigen für die Anstrengungen in schwindelerregender Höhe. Die Anlage wurde entsprechend den Canopy Tours in Costa Rica gestaltet und ist die erste ihrer Art in Afrika.

Stormsriver | 101 Darnell Street | www.stormsriver.com | 495 Rand

Suspension Bridge

Über die wackelige, aber stabile Hängebrücke kann man den Storm River überqueren. Wer den Weg gehen möchte, sollte möglichst schwindelfrei sein und gutes Schuhwerk tragen. Die Brücke ist über einen kürzeren, recht einfachen Wanderweg (ca. eine Stunde hin und zurück) zu erreichen und auch für Kinder geeignet. In der Nähe legen Boote zu einer Fahrt in die Schlucht des Storm River ab.

Im Fokus
Südafrikanische Literatur und Schriftsteller

*Die Literaturszene Südafrikas ist so vielfältig wie das Land:
Die Bücher von zwei weltbekannten Nobelpreisträgern stehen neben
Krimis und Werken junger Autoren in den Regalen der
Buchhandlungen und sind auch in Deutschland zu bekommen.*

Nur wenige südafrikanische Schriftsteller wurden bisher über die Grenzen des Landes hinaus bekannt. Die berühmtesten Literaten sind die beiden Literaturnobelpreisträger John Maxwell Coetzee und Nadine Gordimer. Es gibt aber auch einige andere Talente, die internationale Anerkennung genießen oder auf dem besten Weg sind, diese zu erreichen. In den letzten Jahren hat sich zudem eine junge Generation von aufstrebenden Autoren entwickelt, die sich mit neuen Themen abseits der Rassismus-Problematik der letzten Jahrzehnte beschäftigen und damit großen Erfolg haben. Das Angebot an zeitgenössischer Literatur ist heute so vielfältig wie nie. Einen besonderen Boom erlebt der Krimi.
Die Literatur Südafrikas ist auch ein Spiegel der Geschichte des Landes und zeigt ihre Gesellschaft im Umbruch. Während in den Jahren der Apartheid vor allem das Politische mit Fokus auf der Ungerechtigkeit des Systems im Vordergrund stand, rückte nach dem Ende des Regimes das Private insbesondere bei den Werken jüngerer Autoren in den Mittel-

◀ Nadine Gordimer (▶ S. 155) in einer Aufnahme von 1982 in Frankfurt am Main.

punkt. Die Themen der neueren Literatur wurden komplexer, neben positiven Geschichten sind auch viele bedrückende Erzählungen entstanden, die die vielschichtigen Probleme des Landes nach seiner Befreiung in den Mittelpunkt stellen.

AUSWIRKUNGEN DER APARTHEID

Die Apartheid war bis Mitte der 1990er-Jahre das alles bestimmende Thema der Literatur. Während ihrer Hochphase wurde Literatur vor allem in Form von Lyrik publiziert. Gedichte bedeuteten für die Autoren vor allem im Gegensatz zur langen Entstehungsphase und komplexen Handlungsstruktur eines Romans eine schnellere Möglichkeit, ihre Gefühle und Gedanken niederzuschreiben. In den 1970er- und 1980er-Jahren wurde Literatur vor allem zum Zweck des Protestes genutzt, literarische Qualität musste oft zugunsten von Schematisierungen zurückstecken.

KRITIK MIT IRONIE

Zu den kreativsten Protestlern gehörte Zakes Mda, dessen Werke auch internationale Beachtung fanden. In seinen jüngeren Veröffentlichungen beschreibt er die neuen Entwicklungen in Südafrika mit viel Ironie und Satire. Zu den international bekanntesten weißen Apartheidskritikern gehörte André Brink, der Anfang 2015 verstarb. Er schrieb sowohl in Englisch als auch in seiner ersten Muttersprache Afrikaans und wollte damit das Regime treffen. Sein 1979 in London veröffentlichter Roman »A Dry White Season« wurde umgehend verboten, Jahre später wurde er mit hochkarätiger Hollywoodbesetzung verfilmt. Immer wieder literarisierte Brink historische Stoffe und gilt als einer der Vertreter des südafrikanischen magischen Realismus. Er war mehrmals für den Literaturnobelpreis und Booker Prize (wichtigster britischer Literaturpreis) im Gespräch. Einen großen Boom erlebte das Sachbuch ab 1994. Nelson Mandelas Biografie »Long Walk to Freedom« war der bisher größte Bestseller des Landes. Mit dem Ende der Apartheid wurde sie als Thema noch lange nicht aufgegeben und wirkt auch heute noch nach.

1991 erhielt Nadine Gordimer als erste Südafrikanerin den Literaturnobelpreis. Die 2014 verstorbene Autorin gilt als eine der politisch aktivsten Schriftstellerinnen aller Zeiten. Schon früh schrieb sie in den Jahren der Apartheid gegen die Arroganz und Vorherrschaft der weißen Machthaber an. Während sie in ihrem Heimatland missachtet wurde, wurde sie im Ausland als Symbol des schreibenden Widerstandes und für ihr großartiges episches Schreiben verehrt. Gordimers Engagement beschränkte sich nicht nur auf ihre schriftstellerische Tätigkeit: Mitte der 1950er-Jahre zählte sie zu einer Gruppe, die sich in der Hoffnung, es zu untergraben, vehement gegen das Regime stellte. Publikationsverbote folgten, die Gordimer jedoch wenig beeinflussten, da sie sich auf zahlreiche Auslandreisen begab und ihr Gedankengut unter anderem an Gastuniversitäten verbreiten konnte.

SÜDAFRIKAS LITERATURNOBELPREISTRÄGER

Zum Lebenswerk der Grande Dame der Literatur gehören 15 Romane sowie zahlreiche Kurzgeschichten und Essays. Ihre bekanntesten Romane sind »Burgers Tochter«, »July's Leute« und »Der Besitzer«. In den letzten zwei Jahrzehnten ihres Lebens prangerte sie immer stärker auch die neuen Strukturen an. Nadine Gordimers Werk wurde in 30 Sprachen übersetzt.

John Maxwell Coetzee wurde für seine bedeutsamen Darstellungen der sozialen und politischen Missstände innerhalb seines Heimatlandes als erster südafrikanischer Autor sowohl mit dem Literaturnobelpreis als auch mit dem zweimaligen Erhalt des Booker Prize ausgezeichnet. Der in Kapstadt geborene Autor arbeitete und promovierte nach seinem Studium im Ausland und lehrte (neben seiner Tätigkeit als Schriftsteller) an international renommierten Universitäten. Mit seiner ersten Erzählung »Dusklands« gelang ihm 1974 bereits der große Durchbruch. In der Erzählung zieht er deutliche Parallelen zwischen den in Vietnam stationierten Truppen zu den holländischen Besatzern in seinem Heimatland. In den 1980er-Jahren galt Coetzee als einer der meistbeachteten Autoren und erhielt zahlreiche Auszeichnungen. Am bekanntesten sind seine Romane, daneben hat er aber auch zahlreiche Essays verfasst. Für seinen Roman »Schande« erhielt er 1999 den Booker Prize, 2003 wurde ihm der Literaturnobelpreis zuerkannt. In seiner Heimat wurde Coetzee eine fehlende Kontur bei der politischen Betrachtung vorgeworfen, im Ausland ist er nach wie vor äußerst gefragt. Seit 2003 lebt er in Australien und ist mittlerweile auch im Besitz der australischen Staatsbürgerschaft.

Neben den genannten literarischen Größen ist die Literaturszene Südafrikas von einer neuen Generation junger Autoren geprägt, die mit alten Traditionen gebrochen haben und damit einen großen Erfolg verzeichnen. Im Gegensatz zu ihren Vorgängern, die sich auf die Ungerechtigkeit des Apartheidsystems fokussierten, schauen die jungen Autoren nicht mehr zurück, sondern nach vorn. Eine Welle von Enthusiasmus und Energie sowie vom Interesse an eigenen Geschichten veränderte die literarische Landschaft.

DIE NEUE GENERATION JUNGER AUTOREN

Die Geschichten der neuen Generation können wunderbar komisch sein, aber auch bitterernst. In einem persönlichen Stil schreiben die jungen Autoren das, was die Menschen lesen wollen, und sprechen damit auch eine neue Zielgruppe von jüngeren Leuten an. Für einige Schriftsteller stellten die neuen Entwicklungen jedoch auch Probleme dar, denn einige von ihnen empfanden es als einfacher, sich mit der Vergangenheit zu beschäftigen, die fertige Geschichten geliefert hat, als sich eigene auszudenken. Dennoch überwiegt der kreative Impuls der engagierten Jungautoren. Einige von ihnen verbinden ihre Schreibkunst auch mit Musik. Mit ihren musikalischen Live-Auftritten wurde zum Beispiel die Poetry-Performerin Lebogang Mashile international bekannt. Ihre Gedichte wurden auch von deutschen Verlagen herausgegeben. Nachdem sich viele vormals unbekannte Schriftsteller wie Andrew Brown und Maxine Case (beide aus Kapstadt) bereits einen Namen gemacht haben, kümmern sich seit einigen Jahren nun auch zunehmend mehr Verlage um das Aufspüren von jungen Talenten. Auf den Bestsellerlisten des Landes, die in der Vergangenheit hauptsächlich von Literatur aus Großbritannien und anderen Ländern geprägt war, finden sich nun auch immer häufiger die Werke von einheimischen Autoren. Zu den ungewöhnlichsten Bestsellern der letzten Jahre gehören »The Madiba Legacy Comics«, acht Comic-Bände, die das Leben von Nelson Mandela erzählen. Die einzelnen Bände wurden in einer Auflage von jeweils mehr als einer Million frei verteilt.

DER KRIMI-BOOM

In den letzten Jahren gab es einen regelrechten Boom von Kriminalromanen. Die meisten spielen in Johannesburg oder Kapstadt und spiegeln das politische und soziale Unglück des Landes. Der bekannteste Krimiautor ist Deon Meyer, der seine Werke ausschließlich in Afrikaans verfasst. Sie wurden inzwischen auch in zahlreiche andere Sprachen übersetzt. Neben Meyers Werken sind auch die von Roger Smith international gefragt.
Das Lesen südafrikanischer Literatur ist eine gute Gelegenheit, um das Land noch besser kennenzulernen.

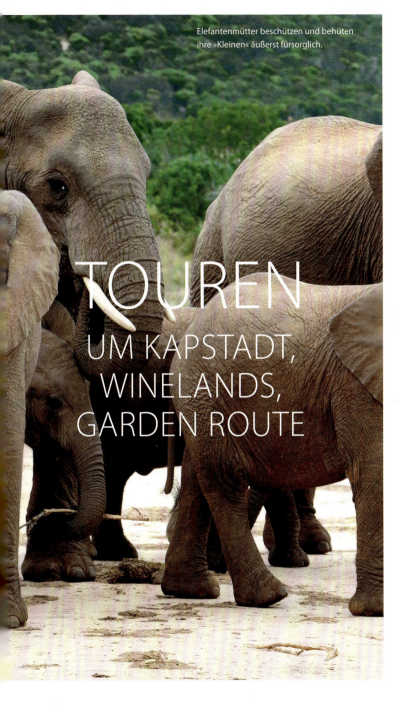

Elefantenmütter beschützen und behüten ihre »Kleinen« äußerst fürsorglich.

TOUREN
UM KAPSTADT, WINELANDS, GARDEN ROUTE

AUF DER SUCHE NACH DEN BIG SEVEN IM ADDO ELEPHANT PARK ⑩

CHARAKTERISTIK: Beeindruckende Safari durch den drittgrößten Nationalpark des Landes **DAUER:** Tagestour oder mehrtägige Tour mit Übernachtung **LÄNGE:** 80 km von Port Elizabeth, 260 km vom Tsitsikamma National Park **ANFAHRT:** Mit dem Auto von der Garden Route kommend über die N 2 Richtung Port Elizabeth, dann weiter auf R 335 und R 42 **EINKEHRTIPP:** Restaurant Cattle Baron, Rest Camp im Addo Elephant Park, Tel. 0 42/2 33 86 74, tgl. 7.30–22 Uhr, €€ **AUSKUNFT:** Addo National Park Reception (7–19 Uhr), Tel. 0 42/2 33 86 00, Notfallnummer 0 82/4 71 02 67, www.sanparks.org/parks/addo
🔖 G 2

In der Kap-Region finden sich viele kleinere private Game Reserves, die einen Besuch lohnen und insbesondere bei einem kürzeren Aufenthalt interessant sind. Keines davon ist jedoch mit dem Addo Elephant Park vergleichbar. Wenn Sie ein echtes »Out-of-Africa-Feeling« erleben möchten, sollten Sie diesen vielfältigen Nationalpark unbedingt besuchen. Er lässt sich wunderbar mit der Garden Route verbinden. Vom Tsitsikamma National Park sind es gerade einmal drei Stunden Fahrt.
Mit 1800 qkm ist der Addo Elephant Park der drittgrößte Nationalpark Südafrikas. Er erstreckt sich vom halbtrockenen Gebiet der Karoo über die Zuurberg Mountains durch das Sunday River Tal und südlich bis zur Küste. Das ursprüngliche Gebiet des malariafreien Parks wurde 1931 gegründet zum Schutz der elf letzten hier lebenden Elefanten, die noch nicht den Elfenbeinjägern und Farmern zum Opfer gefallen waren. Heute leben mehr als 600 Elefanten im Park. Neben den beeindruckenden Dickhäutern ist der Addo Elephant Park für eine weitere einzigartige Sensation bekannt: Denn hier sind hier nicht nur die Big Five, sondern sogar die Big Seven mit den an der Küste der Agoa Bay lebenden Südlichen Glattwalen und Weißen Haien beheimatet. Außerdem lassen sich Zebras und Antilopen, Warzenschweine und Hyänen erspähen. Sie werden jedoch nicht nur von der Tierwelt fasziniert sein, sondern auch von der abwechslungsreichen Landschaft aus Fynbos, Wäldern, Halbwüsten, küstennahen Dünen und Grasfluren.
Seit seiner Gründung wurde der Park stetig vergrößert und hat sich zu einer der besten Safaridestinationen im Land entwickelt. Die nächste großflächige Erweiterung des Parks ist bereits in Planung: In naher Zukunft soll ein marines Schutzgebiet von 1200 qkm hinzukommen, das mehrere Inseln umfasst. Auf einer der Inseln lebt die zweitgrößte Population von Afrikanischen Pinguinen.
Mit dem Auto lassen sich 120 km des Parks auf einer Selbstfahrer-Tagestour erkunden. Wegen seiner Größe und auch der besonderen Atmosphäre in

Im Safarifahrzeug kommt man den Löwen im Addo Elephant Park (▶ S. 160) ganz nahe, da die Tiere nur den Wagen, nicht aber einzelne Menschen wahrnehmen. Aussteigen verboten!

den Camps am Abend sollten Sie jedoch, wenn zeitlich möglich, über Nacht bleiben. Im Rest Camp können Sie zwischen verschiedenen Unterkünften unterschiedlicher Kategorien wählen. Wegen des großen Andrangs gibt es inzwischen auch einige Gästehäuser und Lodges vor den Toren des Parks. Empfehlenswert ist zum Beispiel das Gästehaus De Old Drift Guest Farm (Tel. 0 42/2 33 24 22, www.deolddrift.co.za, €), eine kleine Zitronenfarm mit vier Doppelzimmern, zwei Familienzimmern und drei Selbstverpflegungs-Cottages. Besonderen Luxus wie in früheren Zeiten bietet das exklusive Gorah Elephant Camp (Tel. 0 42/ 2 35 11 23, www.gorah.hunterhotels.com, €€€€). Es ist das einzige privat betriebene Camp inmitten des Parks. Seine elf großzügigen Zelte sind im Kolonialstil eingerichtet. Alle Unterkünfte sollten (vor allem in der Hauptsaison) rechtzeitig gebucht werden.

INFORMATIONEN

www.sanparks.org/parks/addo/ | Öffnungszeiten Haupteingang 7–19/ Matyholweni Gate 7–18.30 Uhr | 216 Rand, Kinder 108 Rand

EDLE TROPFEN: GENIESSERTOUR IN DIE WEINSTADT ROBERTSON

CHARAKTERISTIK: Selbstfahrertour in das ländlichere Weinanbaugebiet mit kulinarischem Fokus **ANFAHRT:** Mit dem Auto über die N 1 und R 60 **DAUER:** Tagestour **LÄNGE:** 160 km von Kapstadt **EINKEHRTIPP:** Babylonstoren, R 45, Ausfahrt Klapmuts, zwischen Franschhoek und Paarl gelegen, Tel. 0 21/8 63 38 52, www.babylonstoren.com, Lunch Mi–So, Dinner Fr–Sa, €€€ **AUSKUNFT:** Robertson Tourism Bureau, Ecke Reitz/Voortrekker Street, Tel. 0 23/6 26 44 37, www.robertsontourism.co.za, Mo–Fr 8–17, Sa 9–14, So 10–14 Uhr

C 2

Neben den bekannten Weinhochburgen Constantia, Stellenbosch und Paarl gehört das nordöstlich von Kapstadt gelegene Robertson zu den wichtigsten Weinanbaugebieten des Landes. Ein Ausflug ist vor allem dann interessant, wenn Sie die nahe gelegene Weinregion bereits erkundet haben und sich weiter ins Landesinnere hinein begeben möchten. Hier beginnt auch die berühmte R 62. Mit 850 km gehört sie zu den längsten Weinstraßen der Welt.

Kapstadt ▶ Babylonstoren

Auf dem Weg nach Robertson sollten Sie kurz vor Paarl einen Abstecher zum Weingut **Babylonstoren** machen. Dafür fahren Sie an der Ausfahrt 47 von der N 1 auf die R 45 und erreichen nach etwa zehn Minuten das Ziel. Die kapholländische Farm aus dem 18. Jh. gehört zu den ältesten und schönsten des Landes und ist für ihren Bio-Anbau bekannt. Wenn Sie einen Tisch ergattern, sollten Sie im Restaurant Babel die hervorragenden Gerichte probieren, für die vorrangig Zutaten der Farm verwendet werden. Die exzellenten Tropfen aus eigenem Anbau gibt es natürlich auch zum Probieren.

Babylonstoren ▶ Worcester

Zurück auf der R 45 geht es dann weiter in Richtung Robertson. Knapp 50 km vorher liegt die Stadt **Worcester**. Sie ist umgeben vom größten Weinanbaugebiet des Landes. Neben dem Wein ist die Stadt vor allem für ihre Brandys bekannt. An drei Seiten von Bergketten umgeben, grenzt Worcester an seiner östlichen Seite an das Robertson Vine Valley, dem Ziel Ihrer Reise.

Worcester ▶ Robertson

Die Stadt **Robertson** mit ihren ca. 27 000 Einwohnern ist idyllisch am Fuß des Langenbergs im Tal des Breede Rivers gelegen. Sie wird auch das Tal der Reben und Rosen genannt. Ihre kalkreichen Böden sind eine ideale Grundlage für den Weinbau. Seit vielen Jahren ist das Robertson Vine Valley bekannt für seine hochwertigen Weißweine, insbesondere für Chardonnays. Das Gebiet ist seit einigen Jahren jedoch kein reines Weißweingebiet mehr, denn hier gedeihen wegen des sehr warmen, trockenen Klimas auch einige der besten Rotweine der Kap-Region: Shiraz und Cabernet Sauvignon gehören zu den edelsten Tropfen. Seine eigentliche Bekanntheit hat Robertson jedoch durch seine Dessertweine erlangt, die bis heute produziert werden.

Mehr als 50 Weingüter zählen zu Robertsons Weinstraße, eines der renommiertesten ist das familiengeführte Springfield Estate (www.springfieldestate.com). Winzer Abrie Bruwer gehört zu den Trendsettern des Landes und führt das Weingut gemeinsam mit seiner Schwester Jeanette. Seit vielen Jahren ist Springfield für seine hervorragenden Weißweine wie Chardonnay, Sauvignon Blanc oder auch Cuvées bekannt, aber auch die Rotweine, beispielsweise der Cabernet Sauvignon, sind nicht zu verachten. Wenn Sie noch genügend Zeit und Ausdauer haben, sollten Sie auch noch das schön gelegene Fraai Uitzicht Weingut (www.fraaiuitzicht.com) mit seinem ausgezeichneten Restaurant besuchen. Es wird von einem deutschen Ehepaar betrieben und bietet auch schöne Unterkünfte. Alle neun Zimmer/Suiten/Cottages sind geschmackvoll gestylt und verfügen über viel Platz und großzügige Duschen.

Wenn Sie hier vorbeischauen, sollten Sie einen Blick in den ältesten Weinkeller der Region werfen. Neben renommierten Weingütern ist in Robertson auch einer der bekanntesten Schaumweinhersteller des Landes ansässig: Graham Beck. Mit seinem berühmten Cap Classique Wein haben bereits die beiden Staatsmänner Nelson Mandela und Barack Obama auf ihre Präsidentschaftswahl angestoßen. Das wunderschöne Anwesen bildet einen stilvollen Abschluss der Tour.

Das Weingut Fraai Uitzicht (▶ S. 163) produziert nicht nur hervorragenden Wein, hier kann man angenehm und ruhig wohnen und vor allem außerordentlich gut speisen.

WALBEOBACHTUNG IN HERMANUS UND DE KELDERS

CHARAKTERISTIK: Der Tagesausflug folgt den Spuren der Südlichen Glattwale, die sich zwischen Juni und Dezember in den Buchten von Hermanus und De Kelders tummeln. **DAUER:** Tagestour **LÄNGE:** 120 km von Kapstadt bis Hermanus, weitere 40 km bis De Kelders **ANFAHRT:** Mit dem Auto von Kapstadt über die N 2 und R 43, alternativ (schönere Strecke) über N 2, R 44 und R 43 **EINKEHRTIPP:** Burgundy Restaurant, Ecke Marine/Harbour Road, Hermanus, Tel. 0 28/3 12 28 00, www.burgundyrestaurant.co.za €€ | Thyme at Rosmary's Restaurant, 13 Main Road, Gansbaai, www.rosemarysrestaurantgansbaai.co.za €€ **AUSKUNFT:** Hermanus Tourism, Old Station Building, Mitchell/Lord Roberts Street, Tel. 0 28/3 12 26 29, www.hermanustourism.info

B 3

Ein schöner Tagesausflug, vor allem in den Wintermonaten, ist die interessante Fahrt von Kapstadt über Hermanus nach De Kelders.

Kapstadt ▶ Somerset West
Die schnellste Route führt über die N 2 und R 43, eine schönere Streckenalternative ist jedoch die Fahrt über die R 44 und R 43. Für diese Route müssen Sie eine Stunde mehr einplanen, die schönen Aussichten und interessanten Zwischenstopps entschädigen jedoch für die längere Fahrtzeit.

Somerset West ▶ Betty's Bay
Von **Somerset West** (▶ S. 128) führt die R 44 zunächst zur idyllischen Hafenstadt Gordon's Bay und dann über eine kurvenreiche Panoramastraße an der Küste der **False Bay** vorbei, von der sich traumhafte Aussichten auf das tiefblaue Meer, die Kap-Halbinsel und die Bergkette der Hottentots Holland Mountains bieten. In der Walsaison lassen sich die vorbeiziehenden Meeressäuger schon von hier aus beobachten. Danach folgt der kleine Ferienort **Betty's Bay**, in dem eine Pinguinkolonie ansässig ist. Außerdem befinden sich hier die Harold Porter Botanical Gardens, die als kleines Kirstenbosch gelten.

Betty's Bay ▶ Hermanus
Nach dem Küstenort Pringle Bay erscheint der mächtige Hangklip (hängender Felsen) mit seinem Leuchtturm. Seine früherer Name Cabo Falso (falsches Kap) geht darauf zurück, dass ihn von Osten kommende Seefahrer mit dem Kap der Guten Hoffnung verwechselt hatten. Das bei Kleinmond gelegene Kogelberg Biosphere Reserve gilt als das Herz des Cape Floral Kingdom und begeistert mit teils unberührter, wilder Natur.

Die eigentlichen Höhepunkte der Strecke sind jedoch Hermanus und De Kelders. **Hermanus** gilt als Welthauptstadt der Walbeobachtung. Während der Saison tummeln sich Hunderte von Südlichen Glatt- und Buckelwalen in der Walker Bay. Sie kommen hierher, um sich zu paaren und ihre Kälber zu gebären. Die majestätischen Tiere lassen sich aus nächster Nähe sowohl vom Land als auch vom Boot aus (Buchungen über verschiedene lokale Anbieter) beobachten. In der Hochsaison ist sogar ein Walschreier im Einsatz, der die vorbeiziehenden Tiere der Allgemeinheit ankündigt.

Hermanus ▶ De Kelders

Etwas beschaulicher als im touristischen Hermanus geht es im kleineren Küstenort **De Kelders** zu. Hier sollten Sie sich ein schönes Plätzchen an den Klippen suchen und dann ganz ungestört den Meeressäugern zuschauen, am besten bei einem Picknick.

Wer über Nacht bleiben möchte, kann sich im gemütlichen Gästehause Whale Song Lodge einquartieren. Während der Saison lassen sich die Wale vom Bett aus beobachten (▶ S. 25).

Wollen Sie's wagen?

Nervenkitzel pur erleben Sie beim Haitauchen in Gansbaai (2 km südlich von De Kelders). In einem sicheren Käfig begegnen Sie bis zu 6 m langen Weißen Haien, die vor den Inseln Dyer Island und Geyser Island auf Beutefang sind. Wagen Sie es, dem Tier mit dem wohl schlechtesten Ruf von allen zu begegnen? Dann gehen Sie an Bord eines der Boote, die täglich im Hafen ablegen und hinausfahren. Man erlebt nicht nur den zugegeben großen Nervenkitzel, sondern man lernt auch viel Interessantes über die als Bestien verschrienen Tiere und ihr Verhalten.
www.whitesharkprojects.co.za

Die Steilküste von Hermanus (▶ S. 164) eignet sich besonders gut für Walbeobachtungen von Juli bis Dezember. Vor allem im Oktober sind die Tiere häufig zu sehen.

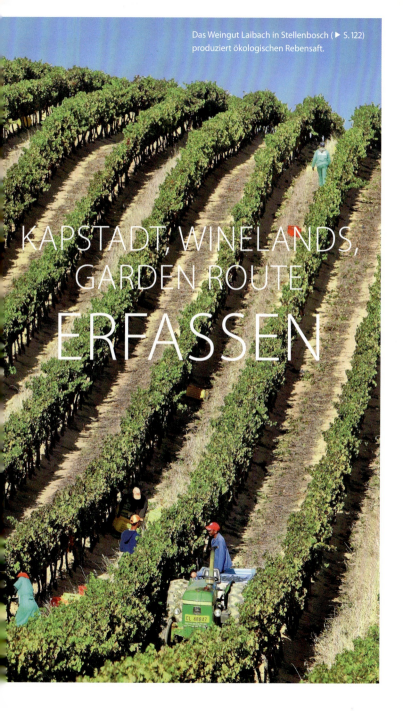

Das Weingut Laibach in Stellenbosch (▶ S. 122) produziert ökologischen Rebensaft.

KAPSTADT, WINELANDS, GARDEN ROUTE ERFASSEN

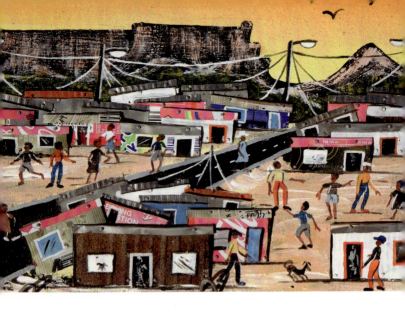

AUF EINEN BLICK

Hier erfahren Sie alles, was Sie über Kapstadt und die Region wissen müssen – kompakte Informationen über Land und Leute, von Bevölkerung, Geografie und Lage über Politik, Verwaltung und Religion bis Sprache und Wirtschaft.

BEVÖLKERUNG

Kapstadt ist mit rund 3,8 Mio. Einwohnern nach Johannesburg die zweitgrößte Stadt Südafrikas. Die größte Bevölkerungsgruppe sind die **Coloureds**, die sowohl europäische als auch nichteuropäische Vorfahren haben. Aufgrund der Geschichte Kapstadts und der vielen Einwanderer aus Europa, Asien und Afrika ist in der Kap-Region eine der vielfältigsten Bevölkerungen der Welt mit unzähligen Nationalitäten und kulturellen Hintergründen beheimatet.

LAGE UND GEOGRAFIE

Kapstadt liegt an der **Tafelbucht** in der Provinz Western Cape, die zugleich die Südwestspitze des afrikanischen Kontinents bildet. Umgeben vom Atlantischen Ozean und dem **Tafelberg** bietet die Stadt eine einzigartige Kulisse auf rund 2500 qkm Fläche.

POLITIK UND VERWALTUNG

Unvergessen ist die Rede Nelson Mandelas vom Balkon des Rathauses von Kapstadt nur wenige Stunden nach seiner Freilassung am 11. Februar 1990, in

◀ Township-Kunst mit einfachen Mitteln und Kreativität: Bild mit Dosenblech.

der er eine neue Ära für Südafrika ankündigte, die unter anderem das Ende der **Apartheid** im Jahr 1994 bedeutete. Die Stadt ist in 111 Stadtbezirke aufgeteilt, die aus 24 Gemeinderatsgebieten hervorgehen. Jeder Stadtbezirk entsendet einen gewählten Repräsentanten in das Stadtparlament. Bürgermeisterin ist seit 2011 Patricia de Lille von der **Demokratischen Allianz**, die die größte Opposition zu Nelson Mandelas ANC-Partei bildet. Immer wieder gibt es im gesamten Land Korruptionsvorwürfe gegen den **ANC**, daher ist die Demokratische Allianz in Kapstadt im Gegensatz zu anderen Metropolen die stärkste Partei. Bis 2004 war Kapstadt während der Sommermonate Sitz des südafrikanischen Parlaments. Seither tagt das Parlament ganzjährig dort.

RELIGION

Rund 80 % der Einwohner in Kapstadt sind Christen, wobei ein nicht unerheblicher Teil davon einer der 4000 sogenannten Schwarzen Unabhängigen Kirchen angehört.

SPRACHE

Aufgrund der zahlreichen Einwanderer und Bevölkerungsgruppen sind im Alltag viele Sprachen im Gebrauch.

WIRTSCHAFT

Südafrika besitzt das größte Bruttoinlandsprodukt (BIP) in Afrika und damit die fortschrittlichste und stärkste Wirtschaft auf dem Kontinent. Durch den Reichtum an **Bodenschätzen** ist der Bergbau die größte Exportquelle. Die verarbeitende Industrie ist neben Bank- und Versicherungswesen sowie Handel und Gewerbe die größte Stütze des Landes. Südafrika befindet sich auf dem Weg zu einem modernen Industrie- und Dienstleistungsstaat. Kapstadt lebt hauptsächlich vom **Tourismus**, aber auch von der Textilherstellung sowie dem Export von landwirtschaftlichen Erzeugnissen – allen voran Wein, Obst und Blumen. Die Informationstechnologie erlebt einen großen Aufschwung unter anderem durch den internationalen Medienkonzern Naspers.

KAPSTADT

SPRACHEN: vor allem Afrikaans, Englisch, Xhosa
EINWOHNER: ca. 3,8 Mio.
FLÄCHE: 2460 km^2
HÖCHSTER BERG: Tafelberg, 1086 m
RELIGION: 81 % Christen (davon 70 % Protestanten, 11 % Katholiken), 9 % Muslime, 2 % Hindus
WÄHRUNG: Südafrikanischer Rand (ZAR)

SÜDAFRIKA

AMTSSPRACHE: Afrikaans, Englisch sowie neun weitere Sprachen
BEVÖLKERUNG: Vielvölkerstaat
EINWOHNER: ca. 52 Mio.
FLÄCHE: 1 219 912 qkm
REGIERUNGSSITZ: Pretoria
RELIGION: 80 % Christen, 20 % Sonstige/konfessionslos
STAATSFORM: Föderale Republik
STAATSOBERHAUPT: Präsident Jacob Zuma
VERWALTUNG: 9 Provinzen
WÄHRUNG: Südafrikanischer Rand (ZAR)

GESCHICHTE

Die Stadt Kapstadt entstand aus einer Versorgungsstation für Handelsschiffe, die auf dem Weg von Europa nach Asien das Kap umfahren mussten. Die Einflüsse von Holländern, Franzosen und Briten wirken bis heute nach.

1488/1510 Umfahrung des Kaps, Anlandung

Die erste schriftlich aufgezeichnete Umfahrung des Kaps soll im Jahr 1488 durch den Portugiesen **Bartolomeu Dias** stattgefunden haben. Daraufhin erfolgt die Namensgebung Kap der Guten Hoffnung, angeblich durch den König Portugals, der den Vorschlag von Dias, es das Kap der Stürme zu nennen, leicht verändert hat.

Bereits 1510 landen Portugiesen mit einigen Handelsschiffen in der Tafelbucht und liefern sich nach Streitigkeiten um Vieh und Ware eine Schlacht mit den KhoiKhoi, dem indigenen Volk Afrikas. Bei dieser Auseinandersetzung sterben alle Europäer.

1652/53 Versorgungsstation und Sklaven

Der Niederländer **Jan van Riebeeck** baut eine Versorgungsstation für Handelsschiffe auf dem Weg von Europa nach Indien für das große Handelsunternehmen Verenigde Oostindische Compagnie (VOC) auf. Die erste große Gruppe Sklaven aus Indonesien erreicht Kapstadt. Weil die vertriebenen einheimischen KhoiKhoi sich weigern, für die Europäer zu arbeiten, werden Sklaven aus Indonesien, Malaysia, Indien und Madagaskar nach Südafrika verschifft. Da es nicht nur an Arbeitskraft, sondern auch an Frauen mangelt, entwickelt sich im Laufe der Zeit die heute größte Bevölkerungsgruppe der

1488 — Umfahrung Kapstadts durch den Portugiesen Bartolomeu Dias.

1652 — Der Niederländer Jan van Riebeeck baut eine Versorgungsstation für die Verenigde Oostindische Compagnie (VOC) auf.

1662 — Kapstadt zählt 500 Einwohner.

1666 — Das Castle of Good Hope wird als Verteidigungsanlage gebaut.

Farbigen (Coloureds), die von Europäern sowie nichteuropäischen Vorfahren abstammen.

1666 Castle of Good Hope

Zum Schutz vor den vertriebenen Einheimischen errichten die Europäer eine Festung in Kapstadt, welche bis heute im Original erhalten ist. Der Bau des Castle of Good Hope wird nach 13 Jahren 1679 abgeschlossen. Das Gebäude stellt von nun an den Hauptsitz der Vereenigde Oostindische Compagnie (VOC) dar.

1781 Unterstützung durch Frankreich

Der Krieg zwischen den Engländern und Franzosen in Europa wirft seine Schatten auch auf Südafrika. Die Holländer stehen auf der Seite der Franzosen und bitten um Unterstützung am Kap. Das Eintreffen der französischen Soldaten erzeugt einen wirtschaftlichen Aufschwung der Stadt. Wenige Jahre später verlassen die Franzosen das Kap aufgrund des in Europa geschlossenen Friedensvertrags.

1806–1822 Schlachten und Verträge

Nach der 150-jährigen Herrschaft der Niederländer kommt es zur Schlacht mit den Briten am Bloubergstrand. Die Briten erkämpfen den Sieg und erklären die Region später zur britischen Kolonie. Durch den Londoner Vertrag 1814 wird das Land am Kap offiziell britische Kronkolonie und erlangt ein Jahr später die Bestätigung durch den Wiener Kongress. Es treten neue Gesetze in Kraft, und Großbritanniens Entscheidung, die Sklaverei abzuschaffen, führt später zu dem »Großen Treck« der Buren, die mit dieser Entscheidung nicht einverstanden sind und die Region daraufhin verlassen. Englisch wird neben Afrikaans offizielle Amtssprache in Kapstadt.

1824 Zeitung und Leuchtturm

Mit der »The South African Commercial Advertiser« wird die erste Zeitung veröffentlicht. Im gleichen Jahr eröffnet der erste Leuchtturm im Stadtteil Green Point, um die das Kap umfahrenden Schiffe zu leiten. Bis zu diesem

---

Die erste Bank eröffnet in Kapstadt, ein paar Jahre später das erste Postamt.

Niederländer gegen Briten: Schlacht am Bloubergstrand.

Mit dem Londoner Vertrag wird die Region als Britische Kronkolonie anerkannt.

1806

1814

1824

Die erste unabhängige Zeitung, »The South African Commercial Advertiser«, wird veröffentlicht.

Zeitpunkt waren bereits viele Schiffe auf ihrer Route um das Kap in der Tafelbucht und an anderen Küstenstellen gesunken.

1835–1854 Der »Große Treck« und Republikgründungen

Knapp 14 000 Buren ziehen aus der Kap-Kolonie aus und liefern sich unter anderem harte Kämpfe mit den Zulu am Blood River, bei denen mehr als 3000 Menschen sterben. Die Buren gründen 1852 die Republik Transvaal (ursprünglich Zuid Afrikaanse Republiek) sowie zwei Jahre später die heutige Republik Free State, die damals noch Oranje-Freistaat hieß.

1867 District Six

Ein multikulturelles Zentrum entwickelt sich als sechster Stadtteil von Kapstadt. Ethnische Minderheiten, freigelassene Sklaven und Immigranten lassen sich hier nieder. Die ca. 60 000 Bewohner werden Jahre später aus dem Bezirk vertrieben und unter Vorwänden je nach Hautfarbe in andere Stadtteile aufgeteilt. Diese Maßnahmen gehen als Beispiel für das rassistische und menschenverachtende Verhalten der Regierung während der Apartheid in die Geschichte ein. Später wird der gesamte District Six zerstört und liegt bis heute größtenteils brach. Nach und nach soll nun ein neuer Stadtteil entstehen. Das District Six Museum erinnert heute an die Vergangenheit des Viertels.

1869 Bodenschätze

In diesem Jahr werden in der Kap-Provinz Diamanten nahe dem Oranje-Fluss im Muttergestein entdeckt, die bis heute abgebaut werden und Tausende von Einwanderern anziehen. Innerhalb kurzer Zeit entsteht der Ort New Rush, das heutige Kimberley.

1870–1890 Infrastruktur wird ausgebaut, Umbau des Hafens

Schiffe können nun direkt in der Stadt anlegen. 1905 kommt das Victoria Basin hinzu, welches bis heute im Victoria Hafen Bestand hat.
1883 wird die erste deutsche Schule eröffnet, ihr Name: St. Martin.

District Six entwickelt sich als sechster Stadtteil Kapstadts.

Erstmaliger Fund von Diamanten löst »Goldrausch« aus.

1835 | 1867 | 1869 | 1899

Der »Große Treck« der Buren. 14 000 Buren wandern aus der Kap-Kolonie aus.

Der zweite Burenkrieg bricht aus.

Die Infrastruktur der Stadt wird in den 1890er-Jahren immer weiter verbessert. Der Bau eines Wasserkraftwerks erfolgt, es werden elektrische Laternen aufgestellt und die erste elektrische Straßenbahn in Betrieb genommen.

1899–1902 Zweiter Burenkrieg

Zwischen den Engländern und den Buren bricht der Zweite Burenkrieg aus, der mit einem Sieg der Briten und der Eingliederung der Burenrepubliken Oranje-Freistaat und Transvaal in das britische Reich beendet wird.

1901 Rassentrennung

Unter dem Vorwand, die schwarze Bevölkerung aufgrund der ausgebrochenen Beulenpest in andere Gebiete abzuschieben, beginnt erstmalig die Rassentrennung.

1910 Gründung

Die Union of South Africa wird durch die vier britischen Kolonialgebiete Kapkolonie, Natal, Transvaal und Oranjefluss-Kolonie gegründet. Kapstadt als vorherige britische Kap-Kolonie wird Parlamentssitz. Die Südafrikanische Union ist ein selbstregiertes Dominion im britischen Commonwealth, aus den vier Kolonien werden nun die Provinzen Kapprovinz, Natal, Transvaal und Oranje-Freistaat. Die britische Krone wird durch einen Generalgouverneur vertreten.

1929 Tafelberg

Die erste Seilbahn, die auf den 1086 m hohen Tafelberg hinaufführt, wird in Betrieb genommen. Bis heute ist die spektakuläre Fahrt auf den Tafelberg eine der größten Touristenattraktionen der Stadt. Die Bahn kann stündlich bis zu 900 Personen befördern.

ab 1940 Hochphase der Apartheid

Die Rechte der schwarzen Bevölkerung werden immer weiter beschnitten. Die **Apartheid** beginnt entgegen weltweiter Proteste. Mit dem Wahlsieg der Nationalen Partei 1948 gelangt die Apartheid in ihre Hochphase. Die schwarze Bevölkerung wird in möglichst weit vom Zentrum entfernte Stadtteile vertrie-

1910 Kapstadt wird Parlamentssitz der neu gegründeten Union of South Africa.

1940 Die Apartheid tritt in ihre Hochphase ein.

1960 Unruhen in Kapstadt als Protestbewegung der schwarzen Bevölkerung.

1961 Südafrika wird unabhängig vom Commonwealth.

ben. Im Jahr 1956 verliert die schwarze Bevölkerung zudem das Wahlrecht. 1960 kommt es im ganzen Land und vor allem in den Townships zu Unruhen und Protestaktionen, bei denen mehrere Menschen ums Leben kommen oder verhaftet werden.

1961 Unabhängigkeit

Südafrika beschließt den Austritt aus dem Commonwealth und trennt sich damit endgültig vom britischen Einfluss. Es werden Gesetze eingeführt, die es dem Apartheidregime erleichtern, wahllos Menschen anderer Hautfarben zu unterdrücken.

1964–1990 Haftzeit Mandelas

Am 12. Juni 1964 wird **Nelson Mandela**, der Mitgründer der Protestpartei African National Congress (ANC) ist, gemeinsam mit sieben Mitstreitern wegen angeblicher Sabotage und Planung bewaffneten Widerstands zu einer lebenslangen Haftstrafe verurteilt. Diese muss er überwiegend auf der Gefängnisinsel Robben Island absitzen, die vor Kapstadt im Atlantik liegt.

Am 11. Februar 1990 wird Mandela aus seiner langjährigen Haft entlassen und hält nur wenige Stunden später seine berühmte Rede auf dem Balkon des Rathauses von Kapstadt. Staatspräsident **Frederik de Klerk** hatte den Befehl zur Freilassung gegeben und zeitgleich auch das Verbot der Partei Mandelas, des African National Congress (ANC), aufgehoben.

1991/1994 Mandela Präsident des ANC und Südafrikas

Nelson Mandela wird einstimmig zum Präsidenten des African National Congress (ANC) gewählt und leitet Verhandlungen zur neuen Verfassung und der Abschaffung des Apartheid-Regimes, die durch Staatspräsident de Klerk 1993 durchgesetzt werden. Beide erhalten später den **Friedensnobelpreis**.

1994 werden in Südafrika die ersten demokratischen Wahlen abgehalten. Der ANC gewinnt mit absoluter Mehrheit, und Nelson Mandela wird zum ersten schwarzen Präsidenten des Landes ernannt. Die Republik erhält ihre neue und bis heute geltende Nationalflagge.

Freilassung Mandelas und Rede auf dem Balkon des Rathauses.

1964 Nelson Mandela wird auf Robben Island inhaftiert.

1990

1994 Mandela wird zum ersten schwarzen Präsidenten gewählt.

1995 Rugby-Weltmeisterschaft

Kapstadt ist eine der Austragungsstätten der dritten Rugby Union Weltmeisterschaft, die nicht nur durch den Titel der südafrikanischen Mannschaft in die Geschichtsbücher eingeht, sondern vor allem durch das Auftreten Nelson Mandelas. Im Finale des Turniers führt Mandela die Mannschaft auf das Feld, um die Unterstützung der schwarzen Bevölkerung für diesen Sport zu gewinnen. Bis dahin galt Rugby als Sport der Weißen. Südafrika gewinnt den Weltmeistertitel.

2006 Abwahl des ANC

Bei Kapstadts Kommunalwahlen wird die mit Korruptionsvorwürfen belastete African National Congress Partei (ANC) erstmals abgewählt. Die Demokratische Allianz (DA) gewinnt und hat Rückhalt bei allen Bevölkerungsgruppierungen. **Helen Zille** wird Bürgermeisterin, wechselt jedoch später in das Provinzparlament und muss daher zurücktreten. Erst übernimmt Grant Haskin übergangsweise, dann Dan Plato bis ins Jahr 2011.

2010 Fußball-Weltmeisterschaft

Südafrika trägt die FIFA Fußball-Weltmeisterschaft in verschiedenen Städten aus. Kapstadt ist Austragungsort mit dem neu erbauten Green Point Stadium. Unter anderem siegt hier die deutsche Nationalmannschaft im Viertelfinale gegen Argentinien. Das Turnier ist ein voller Erfolg und das erste dieser Art auf afrikanischem Boden.

2011

Bei den Kommunalwahlen im Mai 2011 wird **Patricia de Lille** (Demokratischen Allianz) zur Bürgermeisterin von Kapstadt gewählt. Nach einer Volkszählung im selben Jahr hat Kapstadt 3,7 Millionen Einwohner.

2013/2014 Tod Mandelas/ 20 Jahre Demokratie

Am 5. Dezember 2013 stirbt **Nelson Mandela** mit 95 Jahren. Das ganze Land trauert um seinen »Vater«.
Im Jahre 2014 feierte Südafrika den 20-jährigen Geburtstag der Demokratie, die, angeführt von Nelson Mandela, das Ende der Apartheid bedeutete.

2006 Abwahl des African National Congress (ANC) in Kapstadt. Helen Zille wird Bürgermeisterin.

2010 Fußball-Weltmeisterschaft in Südafrika. Kapstadt ist Austragungsort.

2011 Patricia de Lille (Demokratische Allianz) wird Bürgermeisterin. Kapstadt hat nach einer Volkszählung 3,7 Mio. Einwohner.

2013 Nelson Mandela stirbt.

KULINARISCHES LEXIKON

A

abalone – Seeohrmuschel
alcoholic beverages – alkoholische Getränke
appetizer – Vorspeise
apple juice – Apfelsaft
asparsje – Spargel
atjar – Früchte mit Zwiebeln, in Currysoße konserviert

B

baby marrows – Zucchini
bacon – Speck
barbecue – Grill
beans – Bohnen
beef – Rind
beskuit – Zwieback
biefstuk – Rindersteak
biltong – Trockenfleisch
blatjang – gewürzte Soße in Flaschen, wie Chutney
bobotie – Lammhackfleisch mit Reis oder Kartoffeln
boerewors – gewürzte Mettbratwurst der »Boere« (Buren)
bread – Brot
bredies – Gemüseeintopf
biriyani – Reisgericht, ähnlich wie Nasi Goreng
butternut – Kürbisgemüse

C

catch-of-the-day – fangfrischer Fisch
cauliflower – Blumenkohl
chips/french fries – Pommes frites
clams – Venusmuscheln
codfish – Kabeljau
coleslaw – Krautsalat
crayfish – lokale Langustenart

D

dates – Datteln
dessert – Nachtisch
dinner – Abendessen
dish of the day – Tagesgericht
drank – Getränk
droge vrugte – Trockenfrüchte
dry wine – trockener Wein
duck – Ente
dumplings – Klöße

E

eent – Ente
egg – Ei
eiers – Eier
– gekookte – gekocht
– gebakte – gebraten
eierfrug, eggplant – Auberginen
ertappel – Kartoffel

F

fisch soup – Fischsuppe
fried – in der Pfanne gebraten
fruit – Obst

G

garlic – Knoblauch
groenboontjies – grüne Bohnen
guinea fowl – Perlhuhn (afrikaans – tarentaal)

H

ham – Schinken
hoender – Huhn

K

kablejou – Kabeljau
kalfvleis – Kalb
kingklip – feiner Weißfisch

konfyt – in Zucker eingelegtes Obst
koeksisters – sehr süßes, geflochtenes Gebäck
kreef – Krustentier (wie crayfish)

L
lamsboud – Lammknochen
leek – Lauch
lentiles – Linsen
liver – Leber

M
maalvleis – Hackbraten
mash – Brei
meat – Fleisch
– cattle – Rind
– chicken – Huhn
– duck – Ente
– lamb – Lamm
– pork – Schwein
– veal – Kalb
melktert – Milchtorte
middagete – Mittagessen
mielies – Maiskolben
mosbolletjies – Teigbrötchen aus gegorenem Wein
mullet – Seefisch
mussels – Schwarzmuscheln
mustard – Senf

O
oysters – lokale Austern
ostrich – Strauß

P
pampoen – Kürbis
pancake – Pfannkuchen
pap – trockener Maisbrei
peach – Pfirsich
pepper – Pfeffer
perlemoen – handgroße Muschel, auch Abalone genannt
plant – Gemüse

prawns – Garnelen
prunes – Backpflaumen

R
rabbit – Kaninchen
rijstafel – indonesische Reistafel
roll – Brötchen
rye bread – Roggenbrot

S
samosas – dreieckige Teigtaschen, mit Gemüse oder Curry
snoek – salziger Fisch
snoeksmoor – Snoek-Fisch mit Pilzen und Kartoffeln
sosaties – gegrillte Fleischstückchen am Spieß mit Früchten
sparkling wine – Schaumwein
springbok – Kleinantilope
squash – Turbankürbis
sultanas – Rosinen

T
table wine – Tischwein
tart – Törtchen
trout – Forelle
tuna – Thunfisch
turbot – Steinbutt
turkey – Truthahn

V
vleis – Fleisch
– eend – Ente
– hoender – Huhn
– kalf – Kalb
– lam – Lamm
– varkuleis – Schwein
– bees – Rind
vrugte – Früchte

W
waterblommetjies – Gemüse aus den Blüten einer Wasserpflanze

SERVICE

Anreise

MIT DER BAHN

Das südafrikanische Streckennetz ist im Vergleich zu Europa schlecht ausgebaut, jedoch gibt es einige Verbindungen aus den größeren Städten im Norden und an der Ostküste, von denen man Kapstadt mit der Bahn erreichen kann. Die normalen Züge benötigen oft einen ganzen Tag oder mehr und sind in verschiedene Klassen unterteilt. Wer die luxuriöse Variante bevorzugt, sollte den moderneren Blue Train wählen. Traditionelle Eisenbahnen mit Dampflok bietet Rovos Rails an.

MIT DEM FLUGZEUG

Die südafrikanische Fluggesellschaft South African Airways (www.flysaa.com) bietet täglich Direktflüge von Frankfurt/M und von München nach Johannesburg und bedient täglich die Strecke von Zürich und Wien bis Johannesburg. Von Johannesburg gibt es Anschlussflüge nach Kapstadt. Austrian Airlines (www. austrian.com) fliegt von Wien nach Johannesburg und Swiss (www.swiss.com) von Zürich nach Johannesburg und weiter nach Kapstadt, Lufthansa (www.lufthansa.de) von Frankfurt/M nach Johannesburg und von München nach Kapstadt. Condor (www.condor.com) verbindet Frankfurt/M direkt mit Kapstadt. Auf www.atmosfair.de und www.myclimate.org kann jeder Reisende durch eine Spende für Klimaschutzprojekte für die CO_2-Emission seines Fluges aufkommen.

VOM FLUGHAFEN IN DIE STADT

Der Cape Town International Airport (CPT) liegt ca. 23 km östlich der Stadt, die N 2 führt von hier aus in rund 20 Minuten in das Stadtzentrum. Shuttlebusdienste können in der Ankunftshalle oder beispielsweise über www.capetownshuttles.co.za oder www.viator.com gebucht werden. Außerdem bieten viele Hotels eigene Shuttlebus-Dienste an. Taxis sind am Flughafen vorhanden.

Auskunft

IN DEUTSCHLAND, ÖSTERREICH UND DER SCHWEIZ

South African Tourism

Friedenstraße 6–10, 60311 Frankfurt/M | Tel. 08 00/1 18 91 18 | www.southafricantourism.de

Botschaft der Republik Südafrika

Sandgasse 33, 1190 Wien | Tel. 01/3 20 64 93 | www.southafrican-embassy.at

Botschaft der Republik Südafrika

Alpenstraße 29, 3006 Bern | Tel. 0 31/3 50 13 13 | www.southafrica.ch

IN KAPSTADT ▶ S. 63, b 2

City Centre Tourism Bureau

The Pinnacle, Ecke Burg/Castle Street | Tel. 02 1/4 87 68 00 | www.tourismcapetown.co.za

Weitere Adressen der Tourismusämter finden Sie in den Orten im Kapitel Kapstadt, Winelands, Garden Route entdecken.

Buchtipps

Coetzee, John Maxwell: Schande (Fischer, 2001) Für seinen packenden Roman hat der international bekannte Schriftsteller den Booker Prize erhalten.

Mandela, Nelson: Der lange Weg zur Freiheit (Fischer, 1997) Eine der wichtigsten Autobiografien des vergangenen Jahrhunderts, die das Leben Madibas Revue passieren lässt.

Meyer, Deon: Cobra (Rütten & Loening, 2014) Der neue Krimi des erfolgreichsten südafrikanischen Krimiautors spielt unter anderem auf einem Weingut.

Platter, John: South African Wine Guide (John Platter, 2015) Die perfekte Begleitung für Weininteressierte – hier werden die Weingüter des Landes mit ihren Weinen des jeweiligen Jahrgangs vorgestellt.

Diplomatische Vertretungen

Generalkonsulat der Bundesrepublik Deutschland ▶ S. 63, c 2
Kapstadt 8001 | Safmarine House 19th Floor, 22 Riebeek Street | Tel. 0 21/4 05 30 00 | www.kapstadt.diplo.de

Honorargeneralkonsulat der Republik Österreich ◀ Klappe hinten, a 4
Kapstadt 8005 | Protea Hotel Sea Point, Arthur's Road, Sea Point | Tel. 0 21/4 30 51 33 | austrianconsulcpt@gmail.com

Schweizer Generalkonsulat
▶ S. 63, c 2
Kapstadt 8001 | BP Centre, Long Street | Tel. 0 21/4 18 36 65 | vertretung@cap.rep.admin.ch

Feiertage

1. Januar New Year's Day (Neujahr)
21. März Human Rights Day (Tag der Menschenrechte)
Karfreitag
Ostermontag
26. April Freedom Day (Freiheitstag)
1. Mai Worker's Day (Tag der Arbeit)
16. Juni Youth Day (Tag der Jugend)
9. August National Women Day (Nationaler Frauentag)
24. September Heritage Day (Kulturtag)
16. Dezember Day of Reconciliation (Tag der Versöhnung)
25. Dezember Christmas Day (Weihnachten)
26. Dezember Day of Goodwill (2. Weihnachtsfeiertag)

Geld

10 ZAR	0,77 Euro/0,80 SFr
1 Euro	13,00 ZAR
1 Sfr	12,42 ZAR

Die südafrikanische Währung ist der Rand (ZAR).
EC- und Kreditkarten, die dem Maestro-System angeschlossen sind, können an internationalen Geldautomaten benutzt werden. Sollte man beim Geldabheben angesprochen werden, ist ein gesundes Misstrauen angeraten. Die meisten Geschäfte, Hotels und Restaurants akzeptieren **Kreditkarten**. Bargeld (Euro oder US-Dollar) kann in den Metropolen überall gewechselt werden, sollte aber wegen der hohen Kriminalität nur in begrenztem Maße mitgeführt werden. Der Umtausch von Rand in Europa ist nicht zu empfehlen, da Einfuhrbeschränkungen bestehen und der Kurs in Südafrika besser ist.

Impfungen
GELBFIEBERIMPFUNG

Bei Einreise aus oder mehr als 12-stündigem Transit durch ein von der WHO als Gelbfieberendemiegebiet deklariertes Land wird der Nachweis einer gültigen Gelbfieberimpfung verlangt.

Kleidung

In sonnigen Monaten ist es sehr heiß, kühlt aber in den Abendstunden ab, sodass man neben Sommerkleidung auch wärmere Kleidung für kältere Tageszeiten einpacken sollte. Traditionen mit zu freizügiger Kleidung zu verletzen ist unwahrscheinlich, jedoch ist das Sonnenbaden am Strand »oben ohne« nicht gestattet. Auf Safaris sollte die Kleidung genügend Schutz gegen die Sonne bieten.

Links und Apps
LINKS

www.kapstadt.de
Hilfreicher Online-Reiseführer mit vielen Informationen zu Unterkünften, Lifestyle, Events.

www.capetown.travel
Die offizielle Seite des Fremdenverkehrsamtes Kapstadt mit Buchungsmöglichkeiten für Hotels und allgemeinen Informationen.

www.kapstadt-forum.de
Informationen und Austausch über Kapstadt, auf Deutsch.

APPS

Cape Town Map and Walks
Stadtkarte Kapstadts mit Restaurants und Sehenswürdigkeiten.
Für iPhone | gratis

Cape Times
Lokale Zeitung als App.
iPhone und Android | gratis

Cape Town Accomodation
Übernachtungen in Kapstadt, aber auch Events.
iPhone und Android | gratis

Medizinische Versorgung
KRANKENVERSICHERUNG

Die europäische Krankenversicherungskarte wird in Südafrika nicht akzeptiert. Besucher müssen für die Kosten selbst aufkommen. Daher ist es empfehlenswert, eine Auslands-Krankenversicherung abzuschließen, auch wenn manche privaten Kassen das Auslandsrisiko abdecken. Der Standard der medizinischen Versorgung ist in Kapstadt recht hoch, außerhalb jedoch nicht immer. Private Kliniken sind immer den staatlichen vorzuziehen.

KRANKENHÄUSER

Mediclinic Cape Town ▶ S. 63, a 4
Kapstadt, Gardens | 21 Hof Street | Tel. 0 21/4 64 55 00 | www.mediclinic.co.za

Groote Schuur Hospital ▶ S. 81, c 2
Kapstadt, Observatory | zwischen M3 und Main Rd | Tel. 0 21/4 04 91 11

Medi-Travel International ▶ S. 75, b 2
Kapstadt | 1st Floor, Clock Tower Centre, V & A Waterfront | Tel. 0 21/4 19 18 88 (speziell für Impfungen, Tropenkrankheiten und Prophylaxen)

APOTHEKEN

In Südafrika sind Apotheken gleichzeitig Drogerien und heißen »Aptek« oder »Chemist«.

Lite-Kem Pharmacy ▶ S. 63, c 2
Kapstadt, Zentrum | Scotts Building, 24 Darling St. | Tel. 0 21/4 61 80 40 | tgl. 7–23 Uhr

Mehrwertsteuer

Bei einem Einkauf von über 250 Rand wird die Mehrwertsteuer von 14 Prozent erstattet. Beim Kauf muss man eine Tax Invoice verlangen und diese am Flughafen oder im Büro von Waterfront Tourism in Kapstadt vorlegen.

Nebenkosten

1 Tasse Kaffee	0,85 €
1 Bier	1,50 €
1 Glas Cola	1,50 €
1 Brot	0,57 €
1 Schachtel Zigaretten	1,65 €
1 Taxifahrt (pro km)	0,70 €
1 Liter Benzin	1,00 €
Mietwagen/Tag	ab 25,00 €

Notruf

Allgemein Tel. 1 01 77
Polizei Tel. 1 01 11
Notarzt/Krankenwagen Tel. 11 01 77
Feuerwehr Tel. 5 35 11 00

Post

Die Post in Südafrika verlangt für Postkarten und Standardbriefe nach Übersee zurzeit 6,65 Rand, wenn man die empfehlenswerte Luftpostbeförderung wählt. Briefmarken gibt es in allen Postämtern sowie in Souvenirshops oder bei weiteren Händlern. Postämter sind meist Mo–Fr von 8.30–16.30 (in kleineren Städten mit Mittagspause), Sa von 8–12 Uhr geöffnet. Die Briefkästen sind oft säulenförmig und rot. Der Postweg per Luftfracht nach Europa nimmt ca. eine Woche in Anspruch.

Reisedokumente

Die Einreise ist für deutsche, österreichische oder Schweizer Staatsangehörige mit Reisepass, vorläufigem Reisepass und Kinderreisepass möglich. Reisedokumente müssen mindestens **30 Tage** über die Reise hinaus gültig sein und müssen auch bei Ausreise noch über mindestens **zwei freie Seiten** für Visastempel verfügen. Auch bei der Weiterreise von Südafrika in andere Länder mit anschließender Rückkehr nach Südafrika sollten Reisende daher darauf achten, für alle Ein- und Ausreisestempel noch freie Seiten im Pass zu haben. Kindereinträge im Reisepass eines Elternteils sind seit 2012 nicht mehr gültig. Jedes Kind benötigt ein eigenes Ausweisdokument. Für touristische, Besuchs- oder Geschäftsreisen nach Südafrika benötigen deutsche, österreichische oder Schweizer Staatsangehörige kein Visum. Gegen Vorlage eines am Einreisetag noch ausreichend gültigen Reisepasses und eines gültigen Rückflugtickets wird bei Einreise in aller Regel eine Besuchsgenehmigung für den Zeitraum der geplanten Reise, jedoch maximal von 90 Tagen, erteilt.

Reiseknigge

Auf Englisch kann man sich in allen Situationen verständigen, trotzdem ist es sicherlich als positive Geste zu werten, sollte man Begrüßungen oder Danksagungen in einer der einheimischen Sprachen Afrikaans oder Xhosa beherrschen.

Kapstadt ist eine besonders tolerante Stadt, der Lebensstil ist »easy«, die Kleidung leger. Nur in besonders gehobenen Restaurants ist ein Jackett oder

eine lange Hose angesagt. In **Restaurants** wartet man, bis man vom Kellner zu einem freien Tisch geführt wird. Bei gutem Service gibt man 10 Prozent **Trinkgeld**.
Fotografieren: Außer Gefängnissen, Militäranlagen und Polizeistationen darf man alles fotografieren. Personen, vor allem die ländliche Bevölkerung, sollte man vorher fragen.

Reisezeit

Aufgrund seiner milden, ausgeglichenen Wetterverhältnisse ist Südafrika ganzjährig für einen Urlaub geeignet. Durch die Lage auf der Südhalbkugel sind die Jahreszeiten gegenüber Europa vertauscht. Für die Kap-Region sind die Monate September bis Mai bestens geeignet. In Kapstadt kann es an einigen Tagen sehr windig sein, trotzdem ist die Sonne gerade in den Hochsommermonaten Januar und Februar sehr intensiv. Die Temperaturen erreichen tagsüber bis zu 35 Grad Celsius. Abends kann es vor allem im Zeitraum Mai/Juni bis August/September ein wenig abkühlen.

Sicherheit

Kapstadt gilt als eine der sichersten Städte Afrikas, trotzdem sollte man sich seiner Umgebung bewusst sein und beispielsweise die Dunkelheit in unbekannten Stadtteilen meiden. Das Mitführen von **Wertsachen** sollte eingeschränkt werden, da die Armut in vielen Gegenden groß ist. Fast immer ist die Zahlung mit EC- und Kreditkarte möglich, sodass wenig Bargeld benötigt wird. Es gibt vereinzelt Bettler, die sich verhältnismäßig unaufdringlich verhalten. Als Frau sollte man es vermeiden, sich in unbekannten und einsamen Gegenden zu bewegen. **Townships** sollten nur in Begleitung von Führern betreten werden.
Im Notfall können Sie die **Police Tourist Assistance Unit** unter der Telefonnummer 41 82 53 oder 1 01 11 anrufen (7.30–23 Uhr). Haben Sie keine Bedenken, in Notfällen Ihre Reiseagentur, Ihren Gastgeber oder Ihr Hotel anzurufen und um Hilfe zu bitten.
http://www.auswaertiges-amt.de/DE/Laenderinformationen/00-SiHi/SuedafrikaSicherheit.html

Klima (Mittelwerte)

	Januar	Februar	März	April	Mai	Juni	Juli	August	September	Oktober	November	Dezember
Tagestemperatur	27	28	26	24	21	18	17	18	19	21	24	26
Nachttemperatur	16	17	16	15	13	11	10	10	11	12	13	15
Sonnenstunden	9	8	8	6	6	5	6	5	5	7	7	8
Regentage pro Monat	7	6	7	10	13	16	16	16	14	11	9	8
Wassertemperatur	18	19	19	18	17	16	15	14	15	16	17	18

Strom

Die Stromversorgung ist weiterhin nicht in allen ländlichen Gegenden vorhanden. Mitunter kann es auch in Großstädten wie Kapstadt zu kurzzeitigen, aber seltenen Stromausfällen kommen. Daher bietet es sich immer an, eine Taschenlampe oder Kerze am Aufenthaltsort bereit zu halten. Die Steckdosenform weicht von der mitteleuropäischen ab, daher ist ein Adapter notwendig. Die Stromspannung beträgt 220/230 Volt mit Wechselstrom und 50 Hertz.

Telefon

VORWAHLEN

D, A, CH ▶ Südafrika 00 27
Südafrika ▶ D 00 49
Südafrika ▶ A 00 43
Südafrika ▶ CH 00 41
Kapstadt 0 21

Mobiltelefone mit deutschen SIM-Karten und Roaming-Funktion können in Südafrika benutzt werden. Für Aufenthalte in Südafrika können südafrikanische SIM-Karten übergangsweise gemietet werden, die allerdings nicht in allen Fällen Gespräche ins Ausland zulassen. Die großen südafrikanischen Mobiltelefonanbieter betreiben an den internationalen Flughäfen und in allen großen Städten Südafrikas Geschäfte, über die eine Anmietung gegen Vorlage des Reisepasses, des Einreisevisums und eines deutschen Adressnachweises unkompliziert erfolgen kann.

Trinkwasser

Das Wasser aus der Leitung kann bedenkenlos in ganz Kapstadt getrunken werden.

Verkehr

AUTO

Das südafrikanische Straßennetz hat eine gute Qualität, speziell in und um Kapstadt. Alle wichtigen Verbindungen auch zu Sehenswürdigkeiten außerhalb der Stadt sind asphaltiert. Südafrika hat **Linksverkehr**, also wird im Auto rechts gelenkt. Für ungeübte Personen ist daher ein Leihwagen mit Automatikgetriebe empfehlenswert. Es besteht Anschnallpflicht sowie eine 0,5-Promillegrenze. Bei Übertretungen muss mit strengen Strafen gerechnet werden. In der Stadt gibt es keine Parkuhren, dafür **Parkwächter** in gelben Westen, die Parktickets verkaufen. In den ländlichen Gebieten, in Nationalparks und auf sämtlichen Strecken außerhalb von Städten und Autobahnen muss damit gerechnet werden, dass Menschen oder Tiere die Straße kreuzen. Abgeraten wird von Fahrten in der Dunkelheit, sowohl innerhalb als auch außerhalb der Städte. Sinnvoll bei längeren Touren ist eine gute Landkarte oder ein Navigationssystem.

MIETWAGEN

Mietwagen gibt es am Cape Town International Airport und in der Innenstadt. Es gilt der neue deutsche Führerschein, am besten in Verbindung mit dem internationalen Führerschein.

ÖFFENTLICHE VERKEHRSMITTEL

Kapstadt verfügt über ein sehr gutes Busnetz. Neben den offiziellen MyCiTi Bussen der Stadt gibt es die eher abenteuerlichen Minibus-Taxis, die keine festen Haltestellen nutzen, sondern auf der Straße nach Bedarf angehalten werden können. Der Hauptbahnhof befindet sich zentral in der Adderley Street. Von dort gelangt man mit den unterschiedlichen Metro Trains in die Vororte der Stadt. Diese sollten in der Dunkelheit gemieden werden. Überregional gibt es verschiedene Anbieter, um beispielsweise nach Johannesburg, Durban oder Port Elizabeth zu reisen.

TAXI

In Kapstadt gibt es zahlreiche Taxi-Unternehmen, die sich nicht unbedingt in ihrer Farbe unterscheiden, es sind auch nicht alle Autos durch ein Schild auf dem Dach zu erkennen. Daher ist es sinnvoll, Taxis per **Telefon** zu oder an einem Taxistand zu buchen.

Zeitungen und Zeitschriften

Die beiden bekanntesten Lokalzeitungen sind die »Cape Times« sowie »Cape Argus«. Beide gehören dem gleichen Verlag an und veröffentlichen jeweils zu unterschiedlichen Tageszeiten. Deutsche und internationale Tageszeitungen sind in wenigen ausgewählten Geschäften mit einem Tag oder mehr Verspätung erhältlich. Monatlich ist zudem das deutschsprachige »Echo-Magazin« mit lokalen und aktuellen Themen um Kapstadt und Südafrika zu erwerben.

Zeitverschiebung

Die Zeitverschiebung zwischen Mitteleuropa und Südafrika beträgt zur mitteleuropäischen Winterzeit plus eine Stunde. Zur mitteleuropäischen Sommerzeit gibt es keine Zeitverschiebung.

Zoll

Gebrauchte persönliche Gegenstände können Sie zollfrei einführen. Weitergehende Zollinformationen zur Einfuhr von Waren erhalten Sie bei der Botschaft Südafrikas. Nur dort kann Ihnen eine rechtsverbindliche Auskunft gegeben werden. Weitere Auskünfte erhalten Sie unter www.zoll.de, www.bmf.gv.at/zoll oder www.zoll.ch.

Entfernungen (in km) zwischen wichtigen Orten

	George	Hermanus	Johannesburg	Kap der Guten Hoffnung	Kapstadt	Knysna	Langebaan	Paarl	Port Elizabeth	Stellenbosch
George	–	354	1168	463	431	62	550	386	323	407
Hermanus	354	–	1412	153	121	410	240	128	672	97
Johannesburg	1168	1412	–	1455	1400	1141	1469	1348	1063	1370
Kap der Guten Hoffnung	463	153	1455	–	70	520	192	120	782	83
Kapstadt	431	121	1400	70	–	488	126	64	750	51
Knysna	62	410	1141	520	488	–	607	443	261	463
Langebaan	550	240	1469	192	126	607	–	141	868	156
Paarl	386	128	1348	120	64	443	141	–	704	32
Port Elizabeth	323	672	1063	782	750	261	868	704	–	725
Stellenbosch	407	97	1370	83	51	463	156	32	725	–

Erlesene Ziele

Auf den Spuren berühmter Persönlichkeiten

MERIAN
Die Lust am Reisen

ORTS- UND SACHREGISTER

Wird ein Begriff mehrfach aufgeführt,
verweist die **fett** gedruckte Zahl auf die Hauptnennung.
Abkürzungen: Hotel [H] · Restaurant [R]

1 The Grange [H, Kapstadt, Camps Bay] 94
2Inn1 Kensington [H, Kapstadt, Oranjezicht] 24
34° South [R, Knysna] 147

Abalone House [H, Paternoster] 112
Addo Elephant Park [MERIAN TopTen] 160
Afrikaans Language Museum [Paarl] 133
Afternoon Tea Mount Nelson Hotel [H, Kapstadt] 55
Aloe Guest House [H, Kapstadt, Observatory] 83
Anatoli [R, Kapstadt, Green Point] 88
Angeln 43
Anreise 178
Apartheid 84, **116**, 155, 168
Apotheken 180
Apps 180
Astronomical Observatory [Kapstadt, Observatory] 81
Atlantic Seabord 86
Auberge Daniella [H, Franschhoek] 131
Auskunft 178
Auto 183
Auwahl Masjid [Kapstadt, Bo-Kaap] 62
Avondrood Guesthouse [H, Franschhoek] 131

Babylonstoren [R, Paarl] 162
Bahn 178
Bahnfahren 55
Balduccis [R, Kapstadt, V&A Waterfront] 79
Bartolomeu Dias Museum Complex [Mossel Bay] 137
Baumkronenpfad [Kapstadt] **19**, 122
Bayside Lodge [H, Plettenberg Bay] 150
Bed & Breakfast 22
Belmond Mount Nelson Hotel [H, Kapstadt, Zentrum] 55, **70**
Belthazar [R, Kapstadt, V&A Waterfront] 79
Betty's Bay 164
Bevölkerung 168
Bier 27
Birds of Eden [Plettenberg Bay] 148
Black Marlin [R, Simon's Town] 28
Bloubergstrand [MERIAN TopTen] 46, **107**
Bocca [R, Kapstadt, Zentrum] **18**, 71
Bo-Kaap [Kapstadt] 7, 56, 61, **62**
Bo-Kaap Museum [Kapstadt, Bo-Kaap] 67
Boschendal Estate 126
Boschendal Museum 126
Bosman's [R, Paarl] 134
Boulders Beach [Simon's Town] 14, 48, **103**

Boutiquen 38
Boyes Drive [Muizenberg] 101
Bread & Wine Vineyard Restaurant [R, Franschhoek] 129
Bree Street [Kapstadt, Zentrum] 62
Bücher 39
Buchtipps 179
Buitenverwachting [R, Constantia] 121
Burgundy Restaurant [R, Hermanus] 164

Caledon Villa [H, Stellenbosch] 126
Camps Bay [Kapstadt] 6, 13, 86, **92**
Camps Bay Beach [Kapstadt, Camps Bay] 93
Canopy 43
Canopy Tour [Tsitsikamma] 153
Cape Canopy Tour [Hottentots Holland Nature Reserve] 19
Cape Columbine [Paternoster] 112
Cape Grace Hotel [H, Kapstadt, V&A Waterfront] 77
Cape of Good Hope Nature Reserve [Kap der Guten Hoffnung] 104
Cape Point [Kap der Guten Hoffnung] 104
Cape Standard [H, Kapstadt, Green Point] 88

Orts- und Sachregister | 187

Cape Town Diamond Museum [Kapstadt, V&A Waterfront] 76
Cape Town Minstrel Carnival [Kapstadt] 51
Cape Town Stadium [Kapstadt, Green Point] 87
Cape Valley Manor [H, Paarl] 134
Carne SA [R, Kapstadt, Zentrum] 71
Cascade Country Manor [H, Paarl] 134
Castle of Good Hope [Kapstadt Zentrum] 62
Cattle Baron [R, Addo Elephant Park] 160
Chapman's Peak 99
Chavonnes Battery Museum [Kapstadt, V&A Waterfront] 76
Chef's Warehouse & Canteen [R, Kapstadt, Zentrum] 28
Cinnamon Guest House [H, Wilderness] 142
City Bowl [Kapstadt, Zentrum] 61
City Hall [Kapstadt, Zentrum] 62
Clifton 86, **92**
Clock Tower Precinct [Kapstadt, V&A Waterfront] 74
Coetzee, John Maxwell 156
Coloureds 168
Company's Gardens [Kapstadt, Zentrum] 64
Constantia 7, 118, **119**
Cricket 42
Cube Guest House [H, Hout Bay] 98
Currys 26

Darling 109
De Kelders 164
Dear Me [R, Kapstadt, Zentrum] 71
Delaire Graff Estate [Stellenbosch] 123
Die Braak [Stellenbosch] 122
Die Strandloper [R, Langebaan] 111
Diplomatische Vertretungen 179
District Six Museum [Kapstadt, Zentrum] 67
Dongola Guest House [H, Constantia] 120
Dornier Wines [Stellenbosch] 124
Dorp Street [Stellenbosch] 122
Dune Guest House [H, Wilderness] 142
Dunes Guest House [H, Paternoster] 112
Dutch Manor Antique Hotel [H, Kapstadt, Bo-Kaap] 70
Dyer Island Cruises [Gansbaai] 32

Einkaufen 38
Einkaufszentren 40
Elephant Sanctuary [Plettenberg Bay] 148
Emily Moon [R, Plettenberg Bay] 150
Enrico Restaurant [R, Plettenberg Bay] 151
Entfernungstabelle 184
Ernie Els Wines [Stellenbosch] 124
Essen 26

Fahrradtouren AWOL [Kapstadt, V&A Waterfront] 32

False Bay 87, **164**
Featherbed Nature Reserve [Knysna] 144
Feiertage 179
Ferienwohnungen 22
Feste feiern 50
Fire Fly Eating House [R, Knysna] 147
First Thursdays [Kapstadt] **17**, 69
Fisch 27
Fish on the rocks [R, Hout Bay] 98
Flava Café [R, Wilderness] 142
Fleisch 26
Flohmarkt 39
Flughafen 178
Flugzeug 178
Franschhoek 128
Franschhoek 7, **118**
Franschhoek Pass [Franschhoek] 129
Franschhoek Village Market [Franschhoek] 37
Fußball 42

Game Reserve 8, 24
Garden Route [MERIAN TopTen] 136
Garden Route National Park [Wilderness] 141
Gästehäuser 22
Geld 179
Geografie 168
George 138
Geschichte 170
Gestern & heute 192
Golf 43
Gondwana Game reserve 138
Gordimer, Nadine 155
Grand Parade [Kapstadt, Zentrum] 62
Grande Roche [H, Paarl] 134

Great Synagogue [Kapstadt] 68
Green Point [Kapstadt] 86, **87**
Green Point Lighthouse [Kapstadt, Green Point] 88
Greenmarket Square [Kapstadt, Zentrum] 64
Groot Constantia [Constantia] 120
Groote Kerk [Kapstadt, Zentrum] 64
Grüner reisen 30

Harbour House [H, Yzerfontein] 108
Harbour House [R, Kalk Bay] 102
Harvest Time Saturday Market [Harkerville] 37
Haute Cabrière [Franschhoek] 130
Heart of Cape Town Museum [Kapstadt, Observatory] 82
Helikopter 56
Helshoogte Pass 127
Hermanus 8, **164**
Hidden Valley Wines [Stellenbosch] 124
Hotels 22
Hout Bay 86, **96**
Hout Bay Museum [Hout Bay] 98
Huguenot Memorial Museum [Franschhoek] 131
Huguenot Monument [Franschhoek] 129

Impfungen 180
Iziko Maritime Centre [Kapstadt, V&A Waterfront] 77

Jordan Wine Estate [Stellenbosch] 125
Jukani Wildlife Sanctuary [Plettenberg Bay] 149

Kalk Bay 102
Kap der Guten Hoffnung [MERIAN TopTen] 104
Kap-Halbinsel 7, **86**
Kapstadt 60
Kirstenbosch Gardens [Kapstadt] 55
Kitesurfen 46
Kleidung 180
Klein Constantia [Constantia] 120
Klimatabelle 182
Kloof Street [Kapstadt, Zentrum] 64
Kloof Street House [R, Kapstadt, Zentrum] 72
Knysna 137, **143**
Knysna Elephant Park 147
Knysna Forest [Knysna] 144
Knysna Heads [Knysna] 145
Kommetjie 101
Koopmans-de Wet House [Kapstadt, Zentrum] 68
Krankenhäuser 180
Krankenversicherung 180
Kreditkarten 179
Kulinarisches Lexikon 176

La Colombe [R, Constantia] 121
La Motte [Franschhoek] 131
La Mouette [R, Kapstadt, Sea Point] 29
Laborie Wine Farm [Paarl] 133
Lage 168
Langebaan 110

Langebaan Country Estate [H, Langebaan] 111
Le Quartier Français [H, Franschhoek] 132
Libertas Parva [Stellenbosch] 125
Links 180
Linksverkehr 183
Lion's Head [Kapstadt, Camps Bay] [MERIAN TopTen] 6, **92**
Literatur 154
Llandudno 86, **96**
Lodges 22
Long Beach [Noordhoek] 14
Long Beach 86
Long Street [Kapstadt, Zentrum] 65
Lookout Deck & Restaurant [R, Plettenberg Bay] 151

Majeka House [H, Stellenbosch] 126
Mandela Haus 135
Market Square [Kapstadt, V&A Waterfront] 75
Märkte 39, **40**
Massage [Kapstadt, Camps Bay] 57
Medizinische Versorgung 180
Mehrwertsteuer 181
Meyer, Deon 157
Mietwagen 183
Mode 40
Monkeyland Primate Sanctuary [Plettenberg Bay] 149
Mossel Bay 137
Mother City 6, **60**
Mountainbiking 44
Muizenberg 101

Nature's Valley 152
Nebenkosten 181

Neighbourgoods Market [Kapstadt, Woodstock] 13, **37**
Nelson Mandela 114
Nelson Mandela Gateway [Kapstadt, V&A Waterfront] 75
Nine Flowers [H, Kapstadt, Gardens] 71
Nobel Square [Kapstadt, V&A Waterfront] 76
Noetzie Castles [Knysna] 145
Noordhoek 100
Noordhoek Farm Village [Noordhoek] 100
Notruf 181

O on Kloof Street [H, Sea Point] 90
Observatory [Kapstadt] 80
Ocean View Guest House [H, Kapstadt, Camps Bay] 94
Öffentliche Verkehrsmittel 183
Old Port Captain's Building [Kapstadt, V&A Waterfront] 76
Old Town House [Kapstadt, Zentrum] 64
On the rocks [R, Bloubergstrand] 108
Osumo [R, Kapstadt, Sea Point] 91
Oudtshoorn 137, **140**
Outeniqua Pass 140
Outeniqua Transport Museum [George] 139

Paarl 118, 132
Paragliding 44
Paranga [R, Kapstadt, Camps Bay] 95
Para-Taxi [Kapstadt] 33
Paternoster 112

Phantom Forest Eco Reserve [H, Knysna] 146
Picknick 55
Plettenberg Bay 137, **148**
Politik 168
Port Elizabeth 136
Post 181
Pringle Bay 164
Protea Breakwater Lodge [H, Kapstadt, V&A Waterfront] 78

Quentin at Oakhurst [R, Hout Bay] 98

Radfahren 44
Reisedokumente 181
Reiseknigge 181
Reisezeit 182
Reiten 44
Religion 169
Reuben's [R, Paternoster] 112
Robben Island [MERIAN TopTen] 75, **114**
Robberg Island Nature Reserve [Plettenberg Bay] 150
Robertson 164
Rondevlei Nature Reserve [Muizenberg] 101
Rugby 42

Sasol Art Museum [Stellenbosch] 125
Schmuck 40
Schriftsteller 154
Sea Point [Kapstadt] 86, **90**
Segeln 45
Segeltörn [Kapstadt, V&A Waterfront] 56
Serendipity [R, Wilderness] 142
Seven Passes Road [George] 139
Shoppingcenter 39

Sicherheit 182
Signal Hill [Kapstadt, Sea Point] 13, **90**
Simon's Town 14, **102**
Simon's Town Museum [Simon's Town] 103
Slangkop Lighthouse [Kommetjie] 101
Slave Lodge [Kapstadt, Zentrum] 68
Somerset West **128**, 164
Sommerkonzert [Kirstenbosch Gardens] 55
South African Jewish Museum [Kapstadt, Zentrum] 68
South African Museum [Kapstadt, Zentrum] 68
South African National Gallery [Kapstadt, Zentrum] 69
Spier Wine Estate & Hotel [H, Stellenbosch] 31, **126**
Sport 42
Sprache 169
St. George's Cathedral [Kapstadt, Zentrum] 66
St. James Beach 102
Stand-up-Paddling 46
Steenberg Estate [Constantia] 120
Steenberg Hotel [H, Constantia] 120
Stellenbosch 7, 118, **122**
Stellenbosch University [Stellenbosch] 123
Storm River 137
Strände 48
Strom 183
Sundowner 28
Surfen 46
Suspension Bridge [Tsitsikamma] 153
Swartberg Pass 141

Taal Monument [Paarl] 132
Tafelberg Nationalpark [Kapstadt] [MERIAN TopTen] 66
Tafelbucht 168
Tauchen 47
Taxi 184
T-Bag Design [Kapstadt, Hout Bay] 32
Telefon 183
The Alphen Boutique Hotel [H, Constantia] 24
The Backpack [H, Kapstadt, Gardens] 31
The Boat House [Simon's Town] 104
The Bungalow [R, Kapstadt, Clifton] 92
The Codfather [R, Kapstadt, Camps Bay] 95
The Country House [H, Plettenberg Bay] 150
The Deck [R, Paarl] 134
The Foodbarn [R, Noordhoek] 101
The Glen Apartments [H, Kapstadt, Camps Bay] 95
The Grand Daddy & Airstream [H, Kapstadt, Zentrum] 71
The Kitchen [R, Kapstadt, Woodstock] 83
The Marly [H, Kapstadt, Camps Bay] **17**, 95
The Ocean View Guest House [Wilderness] 142
The Robberg [H, Plettenberg Bay] 150
The Royal Eatery [R, Kapstadt, Zentrum] 72
The Tasting Room [R, Franschhoek] 29
The Test Kitchen [R, Kapstadt, Woodstock] 83
Thyme at Rosemary's Restaurant [R, Gansbaai] 164
Tokai Forest Market [Tokai] 37
Townships 8, **84**, 182
Trinken 26
Trinkgeld 182
Trinkwasser 183
Tsala Treetop Lodge [H, Plettenberg Bay] 24
Tsitsikamma 152
Tsitsikamma Nationalpark 137
Twelve Apostles Hotel [H, Kapstadt, Camps Bay] **12**, 57
Two Ocean's Aquarium [Kapstadt, V&A Waterfront] 76

Übernachten 22
Umi [R, Kapstadt, Camps Bay] **18**, 95
Urban Farming 34

Vergelegen Estate [R, Somerset West] **15**, 128
Verkehr 183
Verwaltung 168
Victoria & Alfred Hotel [H, Kapstadt, V&A Waterfront] 78
Victoria & Alfred Waterfront [Kapstadt] [MERIAN TopTen] 40, **74**
Villa Afrikana Guest Suite [H, Knysna] 146
Village Museum [Stellenbosch] 125
Voorstrandt Restaurant [R, Paternoster] 113

Walbeobachtung 160
Wale 107
Wandern 48
Watershed [Kapstadt, V&A Waterfront] 18
Wein 27
Weingüter 22
Weinrouten [MERIAN TopTen] 118
Welgelegen Guest House [H, Kapstadt, Gardens] 25
Wellness 57
West Coast National Park 111
Westküste 106
Whale Song Lodge [H, De Kelders] 25
White Shark Projects [Gansbaai] 33
Wilderness 141
Willoughby & Co [R, Kapstadt, V&A Waterfront] 79
Wine Estate & Hotel Spier [H, Stellenbosch] **31**, 126
Winelands 7, **118**
Winzergenossenschaft KWV [Paarl] 133
Wirtschaft 169
Wohnen 41
Woodstock [Kapstadt] [MERIAN TopTen] 8, 17, 80, **81**
Worcester 136, **162**
World of Birds [Hout Bay] 97

Yzerfontein 108

Zeitschriften 184
Zeitungen 184
Zeitverschiebung 184
Zoll 184
Zwölf Apostel [Kapstadt] 6

Impressum | 191

Liebe Leserinnen und Leser,

vielen Dank, dass Sie sich für einen Titel aus unserer Reihe MERIAN *momente* entschieden haben. Wir wünschen Ihnen eine gute Reise. Wenn Sie uns nun von Ihren Lieblingstipps, besonderen Momenten und Entdeckungen berichten möchten, freuen wir uns. Oder haben Sie Wünsche, Anregungen und Korrekturen? Zögern Sie nicht, uns zu schreiben!

Alle Angaben in diesem Reiseführer sind gewissenhaft geprüft. Preise, Öffnungszeiten usw. können sich aber schnell ändern. Für eventuelle Fehler übernimmt der Verlag keine Haftung.

© 2016 TRAVEL HOUSE MEDIA
GmbH, München
MERIAN ist eine eingetragene Marke der
GANSKE VERLAGSGRUPPE.

TRAVEL HOUSE MEDIA
Postfach 86 03 66
81630 München
merian-momente@travel-house-media.de
www.merian.de

Alle Rechte vorbehalten. Nachdruck, auch auszugsweise, sowie die Verbreitung durch Film, Funk, Fernsehen und Internet, durch fotomechanische Wiedergabe, Tonträger und Datenverarbeitungssysteme jeglicher Art nur mit schriftlicher Genehmigung des Verlages.

BEI INTERESSE AN MASSGESCHNEIDERTEN MERIAN-PRODUKTEN:
Tel. 0 89/4 50 00 99 12
veronica.reisenegger@travel-house-media.de

BEI INTERESSE AN ANZEIGEN:
KV Kommunalverlag GmbH & Co KG
Tel. 0 89/9 28 09 60
info@kommunal-verlag.de

1. Auflage

VERLAGSLEITUNG
Michaela Lienemann
REDAKTION
Wilhelm Klemm
LEKTORAT
Waltraud Ries
BILDREDAKTION
Tobias Schärtl
SCHLUSSREDAKTION
Ulla Thomsen
HERSTELLUNG
Bettina Häfele, Katrin Uplegger
SATZ/TECHNISCHE PRODUKTION
h3a GmbH, München
REIHENGESTALTUNG
Independent Medien Design, Horst Moser, München (Innenteil), La Voilà, Marion Blomeyer & Alexandra Rusitschka, München und Leipzig (Coverkonzept)
KARTEN
Gecko-Publishing GmbH für MERIAN-Kartographie
DRUCK UND BINDUNG
Printer Trento, Italien

Ein Unternehmen der
GANSKE VERLAGSGRUPPE

PEFC/18-31-506

BILDNACHWEIS
Titelbild (Bo-Kaap): mauritius images: Alamy
A. Harrower 58/59 | AWL Images: P. Adams 60, D. Delimont 84, I. Trower 86 | bpk: J. Schadeberg 114 | Cape Canopy Tour 19 | Chefs Warehouse & Canteen 26 | Corbis: I. Cumming/Design Pics 49, S. Hisham/Demotix 50, F. O'Reilly/Reuters 135, R. Du Toit/Minden Pictures 110 | ddpimages: J & C Sohns/Picture Press 140 | dpa Picture-Alliance: R. Hirschberger 53 | Fotolia: lienkie 66 | gemeinfrei 170 l, 170 r, 171, 172 l, 173, 175 | Getty Images: C. Adams 105, Archive Photos Express 192 o, M. Harris/Photolibrary 124, R. de la Harpe/Gallo Images 143, Homebrew Films Company/Gallo Images 100, M. Paddler/Gallo Images 113, P. Unger/Lonely Planet 20/21, 136, A. v. Zandbergen/Lonely Planet 147 | GlowImages: 2010 SuperStock 42, imagebroker.com 73, 77, 148, SuperStock 118 | Gondwana Game Reserve 139 | Gorah Elephant Camp 161 | imago: Travel-Stock-Image 38, UIG 34 | INTERFOTO: Alinari/TopFoto 174, D. Wall 192 u | JAHRESZEITEN VERLAG: H. Holler 78 | laif: F. Guiziou/hemis.fr 97, G. Haenel 99, 166/167, S. Hartz 165, P. Hirth 153, A. Hub 158/159, M. Gumm 94, 168, G. Lengler 70, I. Ohlbaum 154, O. Oberholzer 127, 151 | LOOK-foto: age footstock 45, 106, D. Denger 16, 46, 82, Photononstop 121 | mauritius images: Alamy 6, 41, 65, 93, 109, 123, 129, 130, 133, 145, 163, Bluegreen Pictures 103, R. Harding 2, 69 | Mount Nelson Hotel 55 | Rovos Rail 54 | SharkWatchSA: W. Chivell 33 | shutterstock.com: E. P. Adler 4/5, Delpixel 91, K. Gallas 15, A. Hagen 131, littlewormy 56, Madlen 172 r, michaeljung 57, Photo Africa 14, D. Steele 13 r | The Boutique Hotel 22 | The Marly 17 | The Red Carnation Hotel Collection 12 | Tsala Treetop Lodge 25 | Umi 18 | C. Vartan 29

GESTERN & HEUTE

Robben Island (▶ MERIAN TopTen, S. 114) wurde schon vor, aber vor allem während der Zeit der Apartheid dazu genutzt, Menschen wegzusperren, sie zu bestrafen und leiden zu lassen. Heute ist das ehemalige Hochsicherheitsgefängnis ein äußerst beliebtes touristisches Ziel. Fast jeder Besucher Kapstadts möchte Nelson Mandelas winzige **Gefängniszelle** sehen, in der er 18 Jahre seines Lebens zubringen musste. Die Gefängnisinsel ist nun ein sehenswertes Nationaldenkmal.